U0893357

坡头教育故事

湛江市坡头区教育局　编

江西高校出版社
JIANGXI UNIVERSITIES AND COLLEGES PRESS

图书在版编目(CIP)数据

坡头教育故事/湛江市坡头区教育局编. —南昌:江西高校出版社,2020.8(2022.2重印)
ISBN 978-7-5493-8304-7

Ⅰ. ①坡… Ⅱ. ①湛… Ⅲ. ①教育工作—文集 Ⅳ. ①G4-53

中国版本图书馆CIP数据核字(2020)第122448号

出版发行	江西高校出版社
社址	江西省南昌市洪都北大道96号
总编室电话	(0791)88504319
销售电话	(0791)88522516
网址	www.juacp.com
印刷	天津画中画印刷有限公司
经销	全国新华书店
开本	700mm×1000mm 1/16
印张	15.75
字数	250千字
版次	2020年8月第1版
	2022年2月第2次印刷
书号	ISBN 978-7-5493-8304-7
定价	51.00元

赣版权登字-07-2020-602
版权所有 侵权必究

图书若有印装问题,请随时向本社印制部(0791-88513257)退换

《坡头教育故事》编辑委员会

（按姓氏笔画顺序）

主　任：李荣泽

副主任：陈俊优

委　员：李玉婷　李国芬　吴瑞明　陈安寨　卓健文
郑建波　郑晓晖　黄　庆　梁康进　詹志锋
詹晓强

主　编：郑晓晖

副主编：吴瑞明　詹志锋

编　辑：关文生　陈志忠　姚圣发　游真兴

序

谢 伍

《坡头教育故事》即将付梓，这是我区教育工作的一项重要成果，我对此表示祝贺！

快速地浏览了这本书之后，我被深深地感动了。这本书从装帧设计到里面的内容，都是那样朴实无华。它不是鸿篇巨制，也不是名家大师的文学精品，而是一本出自我区中小学近百位普通教师之手的教育故事集。这些故事，就发生在我们的校园内，就发生在师生的身边，是老师们在教育过程中的亲身经历。因此，它真实可信，有血有肉，感情真挚。我从书中直观地了解到我区教育的现状，看到了老师们的辛勤付出，看到了他们呕心沥血地献身教育的崇高精神，更看到了我区教育的未来和希望，因为我们拥有一支用心血书写坡头教育故事的优秀队伍。在这里，我要向老师们问一声好！

管仲曰："一年之计，莫如树谷。十年之计，莫如树木。终身之计，莫如树人。"管仲的话，说出了教育的重要性。习近平总书记在全国教育大会上提出了教育改革中的"9个坚持"，其中一个就是：坚持把立德树人作为根本任务。我们要完成习近平总书记提出的这个根本任务，就要培养出千千万万对人类、对民族、对国家有用之人，培养出千千万万德、智、体、美、劳全面发展的人。"树人"不像"树谷""树木"那样短时间可以成就，而是要做"终身之计"；也不像工厂流水作业那样用一个模式造就，而是要一个一个地用心塑造，因为人是有感情的，每个人都不一样。因此，"树人"是一项长期的工程，是一种因人而异的细致活儿。书中的一个个故事，就反映了"树人"的特点。对留守儿童无微不至的关怀，对学困生呕心沥血的教导，对优秀生的精心培养，每一个故事都精心雕琢，每一个故事都是用一腔热血写成的，每一个故事都那么感人，读之令人泪下。

习近平总书记说："教师是人类灵魂的工程师，是人类文明的传承者，承载着传播知识、传播思想、传播真理，塑造灵魂、塑造生命、塑造新人的时代重任。"习总书记的话，道出了教师地位之崇高，教师工作之重要，教师责任之重大。我们广大人民教师，一直坚持我们民族师道之优良传统，秉承红烛之伟大精神，义无反顾地将青春和汗水，默默无闻地奉献给人民教育事业。他们从事的事业是崇高的，但他们的工作是平凡的，甚至是不为人知的。有感于此，我希望我们各界人士，我们广大家长，能看看这本书，看看这些动人的故事，从而对老师们的工作多些理解，给我们的老师多些赞许、多些鼓励，一起把我们的教育故事写得更感人、更精彩。

"潮平两岸阔，风正一帆悬。"在新中国成立70周年之际，我们坡头(海东)区正处在千载难逢的发展节点上，大发展的大幕已经拉开，宏伟的蓝图正一点一点地成为现实，坡头（海东）区正在发生日新月异的变化，坡头（海东）的明天将更加美好。美好的明天，需要大量人才去勤奋建设。而人才从哪里来？人才由学校培养而来。学校是人才成长的摇篮，肩负着"树人"的重大责任。可以说，学校是美好明天的希望所在，所以，老师们肩负的责任是无比重大的。我希望，工作在教育第一线的老师们，更要忠诚于党和人民的教育事业，敬业爱岗，努力工作，开创我区教育工作的新局面。我请大家都来认真地读一读这本书，共同分享我们的成功和喜悦，共同寻找我们的不足与差距，然后，把我们每一天的工作做好，把每一节课上好，把每一个学生教育好，将我们区的教育故事写得更加精彩，为"树人"做出更大的贡献，为实现民族复兴的中国梦培养出更多、更优秀的人才。

是为序。

（作者为中共坡头区委书记、海东新区党工委书记、湛江国家高新区党工委书记、南三岛滨海旅游示范区党工委书记。）

目　录

桃李不言　下自成蹊

那些年，我们风雨兼程 …… 陈　娟 002
幸福在路上 …… 陈兰清 009
爱的阳光 …… 马爱玲 012
捧出一颗心　献出全部情 …… 谭　芳 014
不忘初心，做好学生的引路人 …… 李张浩 017
把自己教成孩子 …… 招阳辉 020
批评错了 …… 林　辉 023
感动，让我一路前行 …… 赵崇敏 025
爱的硕果 …… 钟晓虹 028
撕掉标签　促进成长 …… 骆秋良 031
在乡村小学支教的日子 …… 谢业洁 033

爱是阳光雨露

以心育心　让爱生花 …… 卢其贞 038
挂念 …… 江华珍 040
走进心灵　用爱沟通 …… 陈小红 043
爱是尊重和发现 …… 陈日深 046

关爱　赏识 …… 陈荣伟 048
让爱的阳光洒满校园 …… 肖　冬 051
播撒爱的种子 …… 张江明 055
用爱托起明天的太阳 …… 张丽娟 058
春风化雨　润物无声 …… 张俊英 060
爱无言 …… 张俊英 064
幸福缘于一个“爱”字 …… 罗卓美 066
用爱心点燃火种　用耐心引领前行 …… 庞永臻 069
爱的力量 …… 庞秋燕 072
用心呵护　静待花开 …… 郑志兰 075
教着，感受着；走着，快乐着 …… 柯丽燕 077
教室门口的大榕树 …… 黄本球 080
以爱育人 …… 董来凤 083
用爱为孩子撑起一片蓝天 …… 廖　冰 085

不愤不启　不悱不发

你的能量超乎你想象 …… 王　爽 088
手机不见了之后 …… 沈冬青 092
静待花开 …… 朱凤群 094
寻找打开学生心锁的钥匙 …… 朱荣清 096
开学第一课——好好刷墙 …… 朱　辉 099
经历成长　体味幸福 …… 阮锦营 103
教育从触动心灵开始 …… 陈水英 110
我和学生的故事 …… 陈　贞 112
尊重学生，实现爱的教育 …… 陈华紫 114

两封特殊的信 …… 陈梅英 116
宽容 …… 陈黄敏 119
用爱滋润心田 …… 陈霞珍 121
做麦田里的幸福守望者 …… 吴金燕 123
教学故事二则 …… 劳水金 126
双优班的故事 …… 杨永华 128
严爱有加　春风化雨 …… 杨叶柳 131
老师，我找到工作了 …… 杨　明 133
藏在厕所里的秘密 …… 陆木生 136
精诚所至　金石为开 …… 吴训庭 139
尊重和善待每一位学生 …… 李运崔 141
意料之外　情理之中 …… 张坤林 143
意外出现的彩虹 …… 张柳清 147
从问题中收获成长的幸福 …… 杜娟娟 149
我的教育小故事 …… 招美霞 152
“丑小鸭”的蜕变 …… 招燕华 154
爱与严并行不悖 …… 范友玉 157
我的教育初心 …… 林田凤 159
家长的抱怨是发现问题的机会 …… 林红霞 162
“问题生”变“小明星”的故事 …… 林　健 165
打耳光引出的友善教育 …… 林　辉 167
五块钱的故事 …… 林　辉 169
见字如面　真情沟通 …… 庞海文 171
心情是一种选择 …… 庞海文 173
教育二三事 …… 庞容妹 176
教育从“心”开始 …… 郑华毅 180
我的教育故事 …… 赵　静 183

在幸福的路上前行 …………………………………………… 钟小真 186
爱和宽容的力量 ………………………………………………… 饶 燕 188
教育路上 幸福同行 …………………………………………… 骆梅华 191
不忘初心 携爱前行 …………………………………………… 莫晓娥 194
课堂上的一次表扬 ……………………………………………… 凌淑华 196
巧妙批评 春风化雨 …………………………………………… 黄小梅 198
守候花开 ………………………………………………………… 黄本球 203
我的教育故事 …………………………………………………… 黄观生 206
用爱守护 静待花开 …………………………………………… 黄润弟 209
教人变 …………………………………………………………… 黄雪梅 212
成长远比成功重要 ……………………………………………… 唐林生 216
爱与赏识 ………………………………………………………… 梁观奇 220
表扬一次，再表扬一次 ………………………………………… 梁海连 223
帮助学生搬开心灵的石头 ……………………………………… 彭 铗 225
润物无声 静待花开 …………………………………………… 董 超 228
让教学在微笑中进行 …………………………………………… 赖劭炜 231
班主任“行窃”记 ……………………………………………… 詹碧容 233
情在细微处 爱在无言中 ……………………………………… 戴秀清 235

后 记 …………………………………………………………… 陈俊优 238

桃李不言 下自成蹊

那些年，我们风雨兼程

■ 陈　娟

作为一名教师，或许总是很忙碌的原因，我很少有时间静下来细细地回想过去的一切。今夜，当我坐在书桌前，在昏黄的灯光下，看到相片里那一张张稚嫩的笑脸时，我由衷地感到幸福。

感恩选择，那段岁月风景好美

2001 年，带着青春的气息和初入社会的稚嫩，怀着美好的梦想，我走上了讲台。站在讲台上，成为一名合格的人民教师，是我最大的心愿。感恩选择，从那天开始，我就为实现这一愿望努力着。十七个春来秋去，一张张学生的面孔如流水般从我眼前飘过，讲坛上像雪花般的粉笔灰不知被扫走了多少层，案上那圆珠笔红色的笔芯不知被换了多少支。那写完的一支支粉笔，那被换掉的一支支红笔芯，给我画出了一道道美丽的风景。每当回首往事，一切如同影片一帧一帧地在我的脑海里播放。一张张纯真的笑脸，一个个温馨动人的故事，像生活中五彩斑斓的万花筒，有着许多的小美好和小惊喜。在这万花筒里，有一个片段至今让我难以忘怀，那是 2010 年，一群孩子和我们一起创造了教学“奇迹”。

感恩遇见，一切都是最好的安排

我们的开始是在 2007 年，那一年我成为初一一个班的班主任。这个班的孩子如同迅速成长的幼苗，懵懵懂懂却渴望着知识的清泉来浇灌，又像困在河边杂草丛中的小泥鳅，努力寻找着游到大江大河的方向。我喜欢这样的他们。每天，我和还睡眼惺忪的他们一起在寒冷或温暖的早晨做早操，陪伴他们精神饱满地大声早读，看着他们上课又下课，望着他们在星光闪烁中甜甜地进入梦乡。虽然，他们有时也让我生气，让我焦急，可是看着他们那可爱又稚嫩的脸，我的心又恢复平静，我暗暗告诫自己：别急，一切都会变得更好的。

我们之间的相处，更像是知心朋友，心灵息息相通。时间见证了他们成长的过程，我和他们走过了烂漫如花的初一，度过了欢乐如歌的初二，来到了激情如火的初三这一堵高墙面前。

不离不弃，在爱与责任中共同成长

我本以为我们可以忙忙碌碌而又平平凡凡地翻过面前的这一堵高墙，但 2009 年的 11 月，也就是离中考还有半年左右的时间，我怀孕了。

这突如其来的惊喜，打破了这个和谐的局面，怀孕初期的难受和孩子们即将到来的中考，让我陷入了两难的境地。我是一个 28 岁的孕妇，身体素质不是很好，加上肚子里的小宝宝来之不易，家里人都希望我以身体为重，放弃班主任工作。放弃毕业班班主任繁重而琐碎的工作，对我是一种解压，相信学校也会同意。但考前换了朝夕相处的班主任，孩子们的情绪会不会受影响？他们中考的成绩会不会因此而不稳定？想到这些问题，我有点惶恐和不安。

我想了许多许多，我既在意肚子里的孩子，又同样在意班里的学生，他们又何尝不是我的孩子呢？我们相处了两年多，我想和他们一起走过三年，要知道，哪怕少一年、一个月、一周、一天都不算完整的三年啊。经过几天的煎熬，我决定继续陪伴着他们，和他们一起冲向胜利的终点，直到看到他们露出胜利的笑容。

为了不让学校对我做出特殊照顾，为了不让学生有顾虑，我隐瞒了怀孕的事实，继续笑着出现在大家的面前，一如既往地工作。

为了激励斗志，我和同学们一起编印了励志班刊《我们的九一，我们的中考》，班刊首页是我写给他们的一封信，后面是各科老师对同学们的寄语，最后是全班每一位同学写给自己的话，满含着目标与激励。我想，他们在累的时候，在遇到困难挫折的时候，在动摇想放弃的时候，让他们看看自己说过的话，或许能激励他们继续勇往直前。我还清楚地记得有位同学在《小小中考，何足惧哉》中写道："悄然而至的初三生活或许让我们措手不及，但是该面对的还是要面对。或许我会压力渐增，但我要告诉自己：中考不是绊脚石，而是成功的垫脚石；中考不是拦路虎，而是一只纸老虎。小小中考，何足惧哉？凭着岁月赐予我们的年轻臂膀和满腔热情，我们一定能用知识和汗水，扬起自信的风帆，乘长风，破巨浪，勇敢驶向成功的彼岸！大战即将打响，让我们在这没有硝烟的战争中成为最大的赢家，让我们在人生的历史上谱写光辉的篇章！"

每个晚上，在教室里陪着他们奋战，我都会坚持写班主任日记，我给这本日记取名为《那一年，我们风雨兼程》。发现哪个孩子进步了，我就写下几句表扬的话；看到哪个孩子泄气了，我就送上几句鼓励的话语……孩子每天生活、学习的点点滴滴，我的所见所闻、所思所想，都被真实地记录在日记本里。一学期下来，每个孩子的名字都在日记本里出现过。日记本放在班上，同学们可以自由传阅。我想让他们知道我在意他们，我想让他们知道我就在他们的背后，我想让他们知道老师也在坚持着。我就是想让他们明白：老师都这么坚持，我怎么可以放弃？

这个做法还真的解决了不少问题，有的时候，面对面的交流，比不上不动声色的感受。我记得我在某篇日记中这样写道："晚上第二节自修课，我看到了感动的一幕：莫晓梅、戴萍、陈世达、赵崇源四位同学在一起讨论数学问题。大家各抒己见，提出自己的解决方法，对其中推理不够完善的地方还认真推敲。我站在旁边安静地看着，这一幕触动了我心灵最柔软的地方，打湿了我的双眸，多么努力的孩子！多么有斗志的孩子！最后，赵崇源同学说：'莫班长，你不要骄傲，下面一道题，我一定要比你更早找出巧妙的解决方法。'老师为赵崇源同学的精神点赞，为你们积极探索的精神点赞。有这样的精神，我们怎么会不胜利呢！"后来，这几个同学在我这篇日记下留言："没想到老师这么留意我们。讨论、竞争让我们收获良多，谢谢老师的支持与鼓励。"静水流深间，师生感情融洽在一处，斗志凝聚在一处。这种感觉，真好！

想隐瞒的，终究没瞒住。某天下午上课时，由于中午妊娠反应强烈，吃下去的都被吐干净了，导致下午上课时体力不支，我差点晕倒在讲台上。这件事很快被学校领导知道了，我如实相告，并跟校长保证，我能坚持下去，恳求校长千万不要在这关键时刻换掉班主任。领导批准了，孩子们也欣喜若狂。

这之后，我感觉他们一下子就长大了许多。每天早上 6 点 40 分的体育训练，他们会一个不少地提前集合好等我到来，我带他们热身，给他们发起跑的指令，为他们加油鼓劲，指导他们掷实心球……学生们看到我的身影，或许被感动，或许更有激情，总之他们的训练更刻苦了。我坚持每天晚上到宿舍里和他们闲聊几句，鼓鼓气，开开玩笑，给他们减减压，无论哪一种方式，对他们而言都是一种鼓舞。孩子们也特别懂事，让我多休息，说不用每天都到宿舍来，他们会照顾好自己。每次一到宿舍，男生女生们都会小跑过来扶着我，他们怕我滑倒。我特别享受那段被他们宠爱的日子。

我有时想，或许是因为他们这么关心我，所以我才能挺过那段孕期反应强烈的日子。那时我常常吐到连气都喘不过来，可是只要跟他们在一起，我似乎忘记了自己是一个孕妇，马上来了精神，或许我们都是对方的精神支柱吧。

创造“奇迹”，梦想照进现实

那段时光过得真的好快，时间像一列不会停止的列车，我和孩子们不断地向前跑，四月，五月，六月，我们到底还是抵达了高墙般的六月。在一片紧张和激昂的情绪中，我们送走了那个意味着初中生活结束的中考。

时间的列车终于来到了 2010 年那个阳光灿烂的七月，孩子们的中考成绩出来了。或许，我永远也忘不了查分数的那一幕。我们班全体科任老师都围在电话旁，屏住呼吸，看我紧张地输入一个个学生的准考证号码。前几名学生的成绩出来后，我们已经激动得忍不住要喊起来了。再查，又是惊喜；继续查，还有惊喜！当查到 800 分以上的同学有 13 位后，我们激动地紧紧拥抱在一起，抱得我都喘不过气来了！那一刻大家都忘了我是一个孕期已达37周的孕妇。这一回，我们班有11名同学考上了重点高中。而在这之前，我们这所农村中学最多的一年才5人考上啊，甚至有0的记录。我们这个班的11人考上，不仅破了学校的纪录，而且在全区也名列前茅，难得呀！我深深体会到"世间自有公道，付出总有回报"这句话的深刻内涵！

初心难忘，最爱这份崇高的职业

毕业后，孩子们送的一件礼物，令我难以忘怀。那是一盒普普通通的积木，但是，那一块块积木却代表着一颗颗真挚的心。他们在每块积木上都写下文字，记录我们师生三年生活的点点滴滴。让我感动的是，很多事情我都忘了，他们却记得那么清晰——"2007年9月1日，您穿着紫色的连衣裙，迎接着我们这批傻傻的懵懂小孩""您的数学课上，我们快乐地比赛，一只青蛙一张嘴，两只眼睛四条腿""至今犹记，在一个个苦战的夜晚，您走过每个同学的身旁，轻轻抚摸我们的脑袋""2009年教师节您收到我们班许愿瓶的第二天，您说昨晚打开看了两遍，今早又看了一遍才收起来，我们听了很感动""那个下午，您差点晕倒的样子让我们全班都忧心忡忡，真的""初三第一次市考后，您兴奋地宣布我们班考得很好，您笑着对我们说我们大有希望""您曾说：再冷的板凳，坐上一年也会热的！我们做到了！我们都知道，我们的汗水折射出的是你我共同的辛苦""毕业典礼上，你站在台阶上，映入我们眼帘的是您哭红的眼睛"……72块积木，搭出了他们给予我的最高荣誉！至今，我还清晰地记得，我当时一块块地翻看积木上的文字时，和他们一起走过的日子如同电影般在脑海里一幕幕地回放，看完，已泪流满面。这份感动让我觉得那三年里付出再多辛酸和劳累都是值得的。这些年来，想他们的时候，我就会把积木拿出来看，每一次看完，泪水都会打湿我的双眸。

毕业8年来，每一年学生都坚持回来和我聚一次，他们和我开玩笑说："老师，我们和您就像牛郎和织女，每年都要相见，风雨无阻！"学生们还会给我写信，即便现在的通信工具这样发达，但他们还是选择用最淳朴的方式来表达他们的祝福和问候。这些信有的在聚会时交给我，有的是写好后拍照发给我，他们说，手机编辑的文字冰冷，自己写的才有温度。戴萍同学的来信有这么一段：“是您，挺着大肚子仍旧选择陪伴我们去闯中考难关；是您，言传身教，教会我积极开朗，勇于挑战！今后的路，带着您传递的满满的正能量，我将无惧风雨！”今年相聚后，莫晓梅同学给我发来一封信，她这样写道：“蓦然回首，在学生时代的十几载岁月里，您是我印象最深刻的启蒙老师，但是，我从未向您表达过谢意！是您，造就了我的少年风采，确切地说，是您造就了2010届上圩中学九（1）班的飞扬风采。”陈启文同学的信中这样写道：“我在那里度过了美好的三年，现在又一个三年即将过去。有些话随着时间的流逝而淹没，有些在时光的长河里却不会。您好啊，老师，又是一个三年，三年说短不短，说长不长。三年里，想说的不多，唯有‘感谢’一词。”在这里说一下这位小男生，初一的时候，他的成绩不好，排在班中倒数的位置。他有点儿痞气，很不羁也很有个性，虽成绩不好，但文笔不错。我就以这个为契机，常常让他帮忙修改一些同学的讲话稿，甚至我的讲话稿也让他修改，慢慢地和他走近了。我常鼓励他：你灵活，悟性高，是个很有潜力的学生，老师看好你！如果能奋起直追，一切还来得及，我知道你不会让我失望。他就在我的鼓励下开始很认真、很努力地学习，到了初二，成绩已经排到了中上游位置。他开始尝到学习进步给他带来的快乐，劲头越来越足，像一匹黑马，驰骋在知识的原野上。到了初三中后期，他已经稳居全年级前五名。他的拼劲在班里是出了名的，他的外号叫“通宵王”，同学们说他夜里几乎不睡觉，都在学习。我叮嘱他一定要注意身体，不能让自己太累。他说不累，之前浪费了太多时间，要把失去的光阴找回来，湛江一中是必须要考上的！中考时，他以全区第三名的成绩如愿考上了湛江一中。查分数的那天，他在学校的篮球场上打球，我知道他其实是用打球来掩饰自己的紧张。我站在教学楼前冲他喊：“陈启文，你的成绩是843分，全区第三！”他听到后，在原地跳了起来，然后像箭般冲我跑过来，站在我面前反复地说着一句话：“老师，我终于没有让您失望！终于没有让您失望！”我仰视着这个比我高出一头的男生，心里也满是激动，为他高兴也为自己高兴，付出终于有了回报！现在，他已经从华南理工大学毕业，就职于深圳一家世界五百强的企业，他的路越走越宽！

我和孩子们之间的这份情意如陈年美酒，越久越醇厚。

有时候，我曾幻想他们未曾离开过我，可他们终究还是离开了。人生只有经过不断的离别，才能更快地成长呀！学生们一批又一批地来，一批又一批地走。十七年过去了，我现在虽说已没有当初第一次踏上讲坛时的激动，但面对不同的学生，作为教师传道授业解惑的初心，始终未变。有人说，为师者，桃李满天下。我深以为然。为师者，最大的财富就是自己所教授出来的学生能健康地成长，迅速地成才。我要将这一份教书育人的初心继续延续下去，付出更多的努力，和每一个孩子一起描绘出精彩的人生。

作者简介及教育理念：

陈娟，女，1981 年 9 月出生，中共党员，本科学历，中学数学一级教师，现任湛江市实验小学副校长。先后被评为坡头区优秀爱心父母、坡头区优秀教师、坡头区优秀教育工作者、湛江市优秀班主任、广东省南粤优秀教师。是湛江市初中数学学科兼职教研员、广东省中小学数学骨干教师培养对象、广东省陈燕初中数学名师工作室首批学员。

教育理念：用心做教育，用爱做人师，做孩子喜欢的老师。

幸福在路上

■ 陈兰清

当一名教师并不是我最初的选择。

小时候，我一直想当一名医生。朝着这个目标，我努力学习，但由于家里穷，初中毕业后没上高中，而是选择去广东医学院护士学校读了护理专业，毕业后来到坡头区第一小学任专职校医。

当上教师完全是一种巧合。我任校医半年后，学校二年级数学老师请了很长的病假，为了解决无人上课的问题，学校领导决定让我来代上这位老师的数学课。面对新的角色，不是科班出身的我忐忑不安，生怕教不好孩子招来家长谩骂及领导批评。我把顾虑告诉校长，校长安慰我说："你一定行！总不能让孩子们无人管吧，你就试半个学期，算是帮学校一个忙。"

没想到这一试，我便与教育结下了不解之缘。当初，我完全没有想到，两个月下来，孩子们竟深深地喜欢上了我，我所教的班数学平均分居然比同年级的班多了十多分，家长们认可了我的工作，纷纷向校领导提出让我跟班上三年级。从此，我便义无反顾地踏上从教之路，并深深地爱上了教育事业。

一路走来，教书的工作虽累，生活虽清贫，但我感到幸福一直在路上。

这种幸福来自孩子们对我的热爱，来自孩子们所取得的点滴进步，来自家长对我的满意评价，来自我个人的成长体验，来自付出汗水而静待花开的那一刻……

我在学习中享受快乐，在快乐中感受幸福。学历提升让我的底气更足，师资培训让我的视野更广，跟岗学习让我的观念更新，教研活动让我的教学方法更活……在不断"充电"的过程中，教育这方净土让我心无旁骛，我为自己在物欲横流、喧嚣浮躁的社会中找到属于自己的那份恬静和那份率真而感到快乐，为自己能多给学生“一瓢水”而感到幸福。

我在追求中发现自我，在欣赏自我中感受幸福。以前的我胆小懦弱，记得从教的第一年，听说校领导听“推门课”，我紧张得一个晚上无法入睡；参加教研组的观课议课，我听着同事们各抒己见，自己却没有勇气发言；第一次在校内上公开课，我有一种战战兢兢、如履薄冰的感觉。后来，经历过多次参加区级公开课及区、市级比赛课的磨炼，我发现自身的改变，从胆怯变得淡定，从彷徨走向自信，只要给我一个舞台，我可以演绎最好的自己。在教坛耕耘二十余载，我从一个教学“门外汉”到成为市名师培养对象、市骨干教师培训专家团成员、市兼职教研员、学校数学科教研组长，在洒下汗水的同时，我体验到了个人成长的幸福。

德国著名哲学家雅斯贝尔斯说：“真正的教育是用一棵树去摇动另一棵树，用一朵云去推动另一朵云，用一个灵魂去唤醒另一个灵魂。”我把这句充满诗意的话语放进育人之旅的行囊，这句话成为我前行的幸福源泉。是的，我用良好的人格魅力去影响学生，用春风化雨般的爱去感化学生，用持之以恒的态度去培育学生，看着一个个“问题”在我的“唤醒”下发生了变化：当初那个书写潦草的男孩如今字写得工工整整；过去那个羞怯自卑的小女孩现在变得阳光坚强；曾经被同学视为“害群之马”的那个打架大王变得学会关心他人、学会感恩……原来，用心灌溉，苦心修剪，静待花开，欣赏美丽竟是如此幸福！

幸福无处不在。学生的一声问候、成功的一节课、家长的一句赞语……这些都让我如沐春风、心花怒放。幸福就书写在课堂上孩子们工整的作业里，盛开在活动中孩子们开心的笑脸上，散发在日常孩子们良好的行为习惯里，装点在孩子们成功路上沉甸甸的收获中。

有些幸福悄悄来到身边也浑然不觉。

有一次，吴川梅菉小学邀请我去上一节探讨课。在去之前，我和本班的孩子聊天，说：“老师准备去吴川梅菉小学上一节课，不知道穿什么衣服好。”孩子们七嘴八舌地帮我出主意，有的让我穿一件平时他们认为漂亮的衣服，有的说可以叫她妈妈帮忙找衣服……就在孩子们商定我穿哪件衣服最好看的时候，坐在最后面的一个平时并不多话的男孩子大声地说：“不行！老师您不能穿漂亮的衣服去，要穿不好看的那件去！”我和其他学生听了都感到非常诧异，我问："你的理由是什么？"这个男孩子一副难过的样子说："我怕您穿漂亮的衣服去，他们把您留下不让您回来教我们。"这个男孩子的话刚说完，其他孩子马上跟着附和："对！对！"孩子们的话让我顿时泪水涌出，我知道他们是太爱我了，生怕别人把我抢走。在奉献中播种爱，在收获爱中品尝幸福，就是这种幸福让我一路走来不知疲倦，痴心不改。

还有一次，我走进了教室正准备上课，一个小女孩的声音飘过来："老师，您的手还痛吗？"这一问，我蒙了，我的手什么时候痛了？注视了小女孩美丽的眼睛一会儿后，我突然想起前一天上课在写粉笔字时，用力太大，粉笔断了，指甲狠狠地划了一下黑板，当时确实有点痛，但很快就没事了，我也把这事忘了，没想到这孩子还惦记着。孩子们对我的关心，令我感动，一种幸福感涌上心头。

在与孩子们愉快相处的时光里，孩子们喜欢我的程度不亚于电视剧中的"喜羊羊"，他们常常对我说："老师，长大后我想成为您。"我穿的鞋、衣服，甚至我做的发型，虽十分普通，但在孩子们的眼眸里都是最美的，很多孩子回家时建议妈妈买和我一样的鞋，做和我一样的发型。当我接到家长询问我的发型在哪里做的或是鞋在哪里买的时候，我都有点莫名其妙。在忍俊不禁的同时，我认识到言传身教的重要性，也深深地体会到作为一名教师的幸福。

我总把教育当作一场温暖的修行，因为爱，所以温暖；因为温暖，所以幸福就像花儿一样，芬芳弥漫在路上！

作者简介及教育理念：

陈兰清，女，1976年2月出生，大学本科学历，小学数学高级教师，现任教于坡头区第一小学。曾获市德育论文评比一等奖，区、市小学数学说课比赛一等奖，市心理教师能力大赛二等奖。先后被评为坡头区优秀教师、湛江市优秀教师。是市名师培养对象、市中小学教师培训专家团队成员、市基础教育课堂教学改革攻坚小组成员、市教育研究室兼职教研员和区教育局小学高年级数学科兼职教研员。

教育理念：教育是一场幸福的修行，渐行渐爱。

爱的阳光

■ 马爱玲

19岁，稚嫩、懵懂、青涩。

就在19岁这一年，我毕业了，工作了，离开父母，来到遥远的村庄。破旧的宿舍，陌生的环境……这一切都让我的情绪濒临崩溃的边缘。我急躁、抱怨、偏激，连自己都厌烦，我不知道阳光在哪里。

直到有一天，校长在会上称赞了我："马老师，你的主题班会开得很精彩。你是我们学校第一个开主题班会的老师，真的谢谢你给大家带来一个好的开始！"原来，在这个陌生的地方有人关心着我。我开始主动和同事交流，积极参加学校组织的活动，会议上还会提出自己的想法，与孩子们也打成一片。我融入这个集体中，投身到工作中，我越来越快乐了，原来挡住阳光的不是困难，而是我畏难的情绪。我开始像一株向日葵，汲取着阳光。

记得第一次接手大队辅导员这个工作的时候，我都蒙了，一个声音从耳边掠过："你连鼓都不会敲，要丢人了！"然而另一个声音却一直在回响："不努力，怎么知道自己不行呢？"于是，我虚心地一次次上门请教有经验的老师，弄明白那些曲谱。我回到宿舍后，又反复地练习。在一次次训练中，我不仅明白了如何去训练仪仗队，还懂得了仪仗队在学校的重要作用。我曾经因对辅导员的工作一无所知而害怕，现在，我发现，只要去尝试，一定会有意想不到的惊喜等着自己。尽管只做了两年大队辅导员工作，但我知道我的人生道路上，又多了一缕阳光，它叫勇敢。

记得那次"学雷锋，慰问五保户"的活动，我带领全班学生，带着米和糖去到五保户李伯家。本来想走个形式交差算了，但是没想到孩子们与李伯聊得挺欢，很开心地帮李伯捶背、捡柴、打扫卫生……这些微不足道的举动让李伯感动得热泪盈眶。看到这些，我暗暗地下决心，今后要多帮帮李伯。此后，每年我都带着我的学生去探望李伯。孩子们知道李伯眼睛不好，特意买了滴眼液，还从家里给李伯带来了番薯和南瓜。

帮助别人，快乐自己。予人玫瑰，手留余香。孩子们让我知道，那片阳光，它叫善良。

现在，我在区一小工作，每天在学校和家之间来回跑，还要照顾儿子，很多人认为我很辛苦。但是，良好的教学环境、和谐的同事关系、先进的教学设备、有特色的海洋文化……这里的一切，让我更积极地工作，让我更感恩生活。这学期，学校让我们各班以“海洋文化”为主题，布置教室。我接到通知无从下手，孩子们就纷纷给我出主意：有的孩子从家里带来了金鱼、乌龟；有的孩子带来了贝壳、珊瑚；有的孩子亲自用卡纸剪了各种鱼和海草；有的孩子带来了有关海洋世界的课外书……孩子们的想法是千奇百怪的，也是不断创新的，于是，我们班有了贝壳标本的展览，也有剪纸画的展示，更有金鱼、乌龟的“表演”！孩子们，老师要给你们点一个赞，你们让我知道，那片阳光，它叫创新。

现在的我，学会了面对各种困难，懂得了善良、敬业、创新，学会了对生活微笑。我是幸福的，因为心中充满爱的阳光！

作者简介及教育理念：

马爱玲，女，1979年6月出生，中共党员，大学本科学历，现任教于坡头区第一小学。1998年8月至今一直担任班主任工作，现兼任年级组长。任教以来，曾获得全国青少年“走进新世纪”读书活动优秀指导奖、湛江市“中华美德”读书活动优秀指导奖、坡头区“我爱祖国的蓝天”读书活动优秀指导奖、湛江市首届青年教师技能比赛二等奖，被评为湛江市优秀少先队辅导员、坡头区优秀班主任、坡头区优秀辅导员。

教育理念：言传身教，厚德博学。

捧出一颗心　献出全部情

■谭　芳

“捧出一颗心，献出全部情”是我二十年来从事教育教学工作的真实写照。

1997年8月，我师范毕业后回到了家乡，以满腔热血，辛勤地培育一批又一批桃李。我捧出一颗心，献出全部情，书写着平凡的教育事业。

那是2004年6月19日的下午，我正准备做饭，一眨眼，大雨来了。我立刻想到，可能还有学生被雨困在教室里，就找来几个超人玩具丢给2岁多的儿子，拿着雨具冲出家门。我和学生走在雷雨交加的路上，高一脚低一脚艰难地把一个个孩子交到家长的手中。我的身上渐渐湿透了，乡村泥泞的道路，让我摔了一跤，脚扭伤了。回来时，离家门还远远的，我就听到儿子哇哇的哭声，这哭声，撕破了雨幕，也撕裂着我的心肝。我冲进门去，抱起惊慌失措的儿子，泪水和着头发上的雨水淌了下来。

2012年6月，我的父亲摔伤了，住院治疗。我多么希望时时刻刻陪伴在老父亲的身边，与父亲共渡难关。但为了不落下一节课，我像个飞转的陀螺，奔跑在医院与学校之间。多少次，父亲看着我迈出病房、边擦眼泪边奔向教室的身影，他的心也在痛着。看着日渐憔悴的我，父亲悄悄提早办理出院手续，因为他明白我放不下他，也放不下学生。

“没有爱就没有教育”，在我的眼里，每个学生都是我的白天鹅，我的自豪，我心中的希望。我关注着每一个学生，耐心细致地对他们进行教育，让每一位学生都快乐、健康地成长。小吴是我的学生，家境富裕，个子高大，头脑灵活，但从不认真学习，还常常向同学炫耀自己家的富有。一次，他把热腾腾的面包扔到楼下，并砸中了一名学生。我把他叫到办公室，批评了他，指出他的错误。鉴于他平时的表现和今天的行为，事后，我又到他家进行家访。晚上，我来到了小吴的家中。开始，他的爸爸并不觉得事情有多严重，认为小孩子把不喜欢吃的东西扔掉很正常。我巧妙地通过举例子让家长明白：对孩子要严加管教，否则会害了孩子。要让孩子懂得富裕的生活来之不易，要珍惜每分钱每粒米，行为要文明，不能随便扔东西，更何况还砸到了人。我的苦口婆心感动了家长，家长很好地配合着做小吴的思想工作。之后，在我和家长的教育下，小吴逐渐改掉了身上的不良习惯，学习认真了，做事也踏实了，不再炫耀自己。期末，经过民主选举，他高票当选优秀生。

在我的眼里，每一个学生都是可以转化的，都是可造之才。小邓是个留守儿童，父母都在外打工，家中只剩下年迈的奶奶和她两个人。因为父母疏于管教，她从小养成偷东西的坏习惯，今天放学回家偷别人地里的花生，明天偷小卖部的零食。她上课走神，不做作业。同学们都嫌弃她。但我没放弃她，经常和她谈心，指出偷别人的东西是错的，严重了是犯罪行为，实在需要买什么东西，如果没有钱，可向我要，绝对不能去偷。我还常常让她在我家里吃饭，辅导她做作业，并亲自送她回家。我的关怀，在小邓的身上产生了效果。渐渐地，她爱学习了，也能控制自己不去偷东西。我趁热打铁，鼓励她去参加有益的文体活动，让优秀的同学和她结对子，帮助她解决学习上的困难。在我和同学们的帮助下，她慢慢地赶上来了。毕业调研考试结束后，她捧着3A的成绩单紧紧地抱着我，泣不成声。

每当看到自己的学生有了进步，我总会露出会心的微笑，心里感到一种不可名状的充实和欣慰。前年接任的新班有个姓招的学生，这是个“不一般”的学生。任过他课的老师给出的评价是：上课讲话，下课打架，目空一切，小心眼，敏感，自制能力差。这是个令人头痛的家伙。第一次上课时，其他学生都端端正正地坐在座位上，只有他懒洋洋地趴在桌子上。我走到他面前小声地问：“昨天晚上没睡好吗？不舒服？”“没有。”他也小声地回答。“那就好，拿出书本，开始上课了。”只见他慢慢地拿出书本，不情愿地坐正，我若无其事地回到了讲台。那一节课，他听得比较认真，还举了几次手，我及时向他提问，并表扬了他。看着这个小家伙喜滋滋的表情，我已经有了教育的“良策”。机会很快就来了，星期五下午放学后，这个小家伙急匆匆地走到教师办公室喊：“谭老师，有几个初中生守在校门口，准备打我！”我连忙和他走到门口，初中生已经不见了踪影。

看着这个惊魂未定的小家伙，我拍了拍电动车说："你上车，我搭你回家。"在路上，我对他进行了耐心而有效的教育，让他认识到：因为自己常常欺负弱小的同学，所以会招来更强大的同学的欺负；要杜绝这种情况，自己就要做一个善良合群的学生，友好地和别人相处，这样才会得到尊重和友谊。接下来的时间里，在我的督促、教育下，他慢慢地改正了自身的缺点，一点一点地进步了。在本学期的教学公开周里，在我"口语交际小推销员"上，这个小家伙勇敢地走上讲台，清楚而有条理地介绍他带来的物品——火龙果。当他走下讲台时，同学们报以热烈的掌声。课后，他欢天喜地地捧着我奖给他的那串葡萄，一颗一颗地分给同学。

同事说我班的学生总是特别有礼貌，有爱心。我想，这与我的言传身教是分不开的。在我的班，一些特殊的学生也能感受到集体的温暖，快乐地成长。令我感动的是：一个毕业几年的学生的母亲（这位母亲精神状况不好）提着几个番薯，几经查找，来到我的家，清楚地说了许多感谢的话；一个单亲家庭的女学生，在听完"感恩，我们要行动"演讲后，拉着她的姑妈，紧紧地拥抱了我；一个失聪的男学生，毕业几年了，在路上远远地见了我，就高兴地大声打招呼："老师好！"虽然声音不是那么清晰。我一直深信：爱，一定会创造奇迹！

"桃李不言，下自成蹊。"一届又一届的学生在我孜孜不倦的培育下，快乐健康地成长，我得到了同事和家长的好评，得到了学校和社会的赞誉。但我淡然处之，静心育人，面对自己用心营造的圣洁教育事业，"捧出一颗心，献出全部情"！

作者简介及教育理念：

谭芳，女，1978年5月出生，1997年8月参加工作，本科学历，中共党员，小学语文高级教师，现任龙头镇中心小学教导处主任。被评为广东省小学语文骨干教师、广东省优秀乡村教师、湛江市最美乡村教师、坡头区优秀教师、"巾帼建功"先进个人、坡头区优秀班主任、坡头区小考先进个人。是湛江市戏剧家协会会员、市作家协会会员、湛江市小学语文兼职教研员、湛江市名教师培养对象、湛江市第一批名师工作室主持人、小学教师资格考试面试考官。

教育理念：爱是教育成功的基础，爱会创造奇迹。

不忘初心，做好学生的引路人

■ 李张浩

2013 年 8 月 28 日，那天风和日丽，我独自一人带着行李来到了上圩中学。夏天正午的太阳像一个巨大的火球，踏进学校的那一刻，我已汗流浃背，但我丝毫感觉不到疲劳。相反，心情无比激动，因为我是怀着理想、带着信念来的。

在求学路上能够遇到好老师是幸运的，我就是其中的幸运儿。当年我上高二时，班主任文老师把我从一名自卑、叛逆的农村孩子引导成为一名阳光、自信、成绩优秀的学生，使我立志长大后也要成为像他那样的好老师。如今，我正式成为一名中学老师，我要像文老师那样，以人格魅力影响学生，做好学生的引路人。

理想是丰满的，现实是残酷的。从教之后，困难、挫折接踵而来，其中有一件事令我记忆尤深。2015 年秋季，我接手一个初中毕业班。这个班在全校可是出了名的，成绩、班风都很差。接手后，我很快就发现，这个班的学生存在很多问题，其中较为突出的是大多数学生欠缺集体主义精神。新学期的第一天，上课铃声已响，我踏进教室，呈现在眼前的是一片混乱的场面。教室没人打扫，桌子椅子乱摆放，有的倒在地板上却无人扶起，课本没人去领取发放，仿佛一切都与自己无关。我内心很不是滋味，只好自己去扶起倒地的桌凳。就在我准备扶正扫把时，学生们都很不好意思地安静下来并主动摆放好其他的物品。我用无声的行动，给他们上了第一课。

学生的不良行为习惯不是一天两天就可以改掉的。尽管我制定了班规来约束他们的行为，他们仍乱扔垃圾，随地吐痰，不良的习惯依然未能改变。后来，我改变了教育方式，每次走进教室看到地板上有垃圾，我就第一时间把垃圾捡起来，而不是去责备学生。久而久之，学生乱扔垃圾的情况得到了改变。为人师表，做学生的表率，教育效果就出来了。这使我认识到，教书育人，教师不仅是知识的传播者、学生潜能的开发者，还是学生行为的示范者。教师的行为直接对学生起着潜移默化的教育作用，而这种影响是“任何教科书、任何道德箴言、任何惩罚和奖励制度都不能代替的一种教育力量”。

我的以身作则，产生了良好的教育效果。一段时间后，这个班发生了巨大的变化，大家团结友爱，成绩、班风都变得好多了，常常受到校领导的表扬。

我以为自己的良苦用心得到了全班同学的认可，班级管理从此走上了坦途。然而事实告诉我，教育无止境。一天早读课上，我发现一陈姓同学在埋头大睡，我像往常那样叫醒他，细心询问他是不是身体不舒服。当时，他头也不抬，仅回应一句“没有不舒服”。我便说，如果是困的话，就站起来醒醒，不能在教室里睡觉。当我想拉他一下时，他居然大力甩开我的手并冲我大声发火。我感到莫名其妙，停了一下，努力压住心中的怒气，请他到办公室里去。经过一番详谈，他认识到自己的错误。但谈话中，我得知一个更严重的问题，他向我诉说了他很恨学校的某一位老师，更可怕的是，他当时说了一句：“有一天要报复到那位老师的孩子身上。”和他谈话后，我发现他是一个很偏激的学生，我真担心他会对那位老师的孩子做出过激的行为。虽然最终经过那位老师和学生家长当面交流，矛盾得以解决，但是那位学生偏激的性格依旧让我担心。

此后，我便高度关注那位同学。可是，不久之后，事情还是发生了，并且是发生在我的身上。

一天傍晚，陈同学向我请假，说牙痛要回家。我就和他家长联系，顺便向他家长反映他带手机回学校并在教室里玩，让家长做孩子的思想工作。陈同学回家后，可能是受到了家长的教育批评，他竟然将我的联系方式放到社交群上去，当天我就收到了不同男性的骚扰电话。我气愤，我伤心，我不明白为什么我尽心尽力地为这班学生服务，居然还会有这样的事情发生在我的身上！那天，我彻夜未眠，眼泪就像涌泉一样不停地流下。那两三天里，每次回到班里，除了上课，我不再像往常那样停留在教室里询问班里的事，更没有像往常那样关心学生的学习和生活。学生们很快就发现了我的变化。他们那几天就很自觉地遵守纪律，甚至在圣诞节前一天晚上，全班学生带着礼物，站在教室走廊上欢迎我，每个人都给我写了信。那天晚上，我一封一封地读着他们的信，每看完一封，泪水就不断地涌出来。他们大多数不知道情况，都在反省自己是不是做错了事惹我生气。几位平时不守纪律的学生的联名信还这样写道："尊敬的班主任，不知道是不是我们哪里做得不好，惹您生气了。如果是我们的话，我们立马就改，但是请求您不要放弃我们班；如果不是我们的话，您告诉我们是谁惹了你，我们来教训他！"还有女班长（当时只有她知道事情的缘由）写道："亲爱的姐（她平时尊称我为姐），请您不要再伤心了，您是一位很好的老师，很好的班主任，只是他不懂事，这不是您的错，您已经做得很好了，希望您继续当我们的班主任。您是知道的，我一直以您为榜样，以后我也要当像您这样的老师。"

一封信一封信地读完后，当天晚上，我又失眠了，我为有这样的学生而感动。同时，我也在反省自己，我为什么情绪如此低落？甚至波及学生？那是自己内心还不够强大，处理问题还做得不够好，而问题出现后，自己又不能正确对待并且想办法去解决它。正如苏联教育家乌申斯基说的："教师的人格就是教育工作的一切，只有健康的心灵才能有健康的行为。"教师只有高标准地塑造自身的人格，才能培养出学生健康的人格。所以，经过当天晚上的自我审视和自我反省后，第二天早上，我恢复了往日的工作态度，细心关心班里的每件事，并且转换心态来对待那位陈同学，对他加倍关心。直至毕业后，我们都相处得很好。更值得欣慰的是，他在我的细心关爱下，整个人都变了，学习更加认真了，想法也不再像以前那样偏激，心胸也不再那么狭隘，能够和同学、老师友好相处。全班同学也表现得更加团结，更加和谐，更加努力拼搏。毕业考试时，他们都取得了相当不错的成绩。

作者简介及教育理念：

李张浩，女，1989年9月出生，中共党员，2013年毕业于湛江师范学院，大学本科学历，中学二级教师，现任教于上圩中学，担任初中道德与法治教学工作。工作以来，热爱本职工作，积极钻研，勤于学习。

教育理念：用心经营教育，用爱温暖童心；引领孩子沐浴阳光，引导孩子浸润书香。

把自己教成孩子

■ 招阳辉

光阴荏苒，弹指一挥间。蓦然回首，十多年教师生涯中的点点滴滴，就像昨天刚发生的一样，教育故事就像一个个精彩绝伦的电影镜头，时常在我脑海中一一地回放，一一地在我眼前掠过！自己在感慨万千的同时，也有甜丝丝的收获和慰藉。

穿越时光的隧道，随着时光的快车驶回到1999年9月。那时，我刚走出师范学校的大门，便满怀激情地踏上了三尺讲台，开始了我梦寐以求的教师生涯，也走上了班主任之路，并在班主任的路上尝尽了甜酸苦辣！

我任教的学校是一所偏远的农村小学，学校地处山脚下，校舍十分简陋。那时，我担任五年级的班主任。第一次站在孩子们面前，我显得十分紧张，对于一些课堂上或班中突发的事情，有点儿束手无策。我的善良与妥协，却换不来学生的自觉和体谅，他们很快发现了我这个新老师的“胆怯”，竟对我玩起了“欺生”的把戏。上课时不是这个讲话就是那个打闹，甚至相互打骂起来，我的课堂变得乱哄哄的，课堂变成了“战场”“游乐场”。面对这个“烂摊子”，我却无法收拾。然而“好事不出门，坏事传千里”！家长们很快知道了我这个新班主任，也知道了我治班无方，带班无力，一些不讲情面的电话像连珠炮似的打到了校长室，不信任的言语传入了我的耳朵。我不禁觉得无助和无奈，当初的雄心壮志也被消磨干净，像个泄了气的皮球，我这朵正欲开放的教坛花苞，遭到了严重的“霜打”。我心里苦闷地想着：“难道我就是一朵即将凋零的花苞吗？我的教育之路就这样举步维艰吗？”正当我感到十分孤独无助时，学校好心的老教师们告诫我——课堂上要有老师的样！听到老教师们的告诫后，我茅塞顿开，心一横，决定铁腕治班，一切从狠抓课堂纪律开始，彻底整治学生涣散的纪律。于是，当孩子们在课堂上讲话吵闹时，我会怒不可遏，狠狠地训斥他们。孩子们也被我的“下马威”给镇住了，课堂纪律明显好转。但我也发现，孩子们对我不再热情，见到我都会远远地躲开，对我敬而远之。课堂上更没人敢回答我的问题，上课完全变成了我一个人的独角戏。我的心不禁颤抖起来：是我错了吗？我的话过头了吗？我伤害他们了吗？我百思不得其解，就像一只迷失方向的羔羊一样感到六神无主。但是每当学生犯错，我还是忍不住着急上火，有时还会暴跳如雷。结果，常常有学生和我对立起来。刚上班的头一个月，我几乎每晚都偷偷地躲在被窝里掉眼泪，当时的我，甚至连辞职的心都有，情绪极其低落。人们都说男儿有泪不轻弹，然而，作为一个堂堂男儿，我却被一群熊孩子弄得焦头烂额，我是真的落泪了。

事情的转机发生得很偶然。一次我外出听课，也许是课不那么精彩，上课的老师侃侃而谈，照本宣科，学生机械地回答问题，众人听得昏昏欲睡。一节课下来，我竟然觉得腰酸背痛难以忍受，脑子不时地开小差。这种状态就像一道闪电直击我的心灵，让我猛然醒悟：我一个成年人尚且坐不住，更何况是小孩子？活泼好动本来就是小孩子的天性，况且我自己的课上得怎样？能完全吸引学生吗？孩子说点儿悄悄话我怎么就那么凶呢？我不断地反问自己，反省着自己粗暴、武断的行为。我清晰地记得苏霍姆林斯基曾说：只有那些始终不忘记自己是个孩子的人，才能成为真正的老师。我也记得于永正老师说：把自己教成孩子，不忘记自己是个孩子的人就容易理解孩子。是啊，教育需要理解，理解是爱的别名。从那以后，我尽自己最大的努力让课堂生动起来，或说或唱，或演或跳……甚至有时也开几句玩笑。每当孩子犯错时，我不再像过去那样直接禁止或训斥，而是进行换位思考。在这样的前提下，孩子们的调皮捣蛋、愚昧无知在我眼里都变成了可以理解的行为。

春风化雨，润物无声。慢慢地，我感觉孩子们向我投来了敬佩的眼神，我觉得他们越来越可爱，自己也成为他们中间的孩子王。孩子们不再与我对立，相反地还会站在“朋友”的立场帮我考虑。这让我心里有莫大的安慰，使我初尝到教育成功的喜悦，让我重燃起工作的激情。因为有了这份激情，我始终充满干劲，所以一路欢乐地行走在班主任之路上。十多年的班主任之路，让我从一个连班级常规工作都无从下手的新手成长为一名具有一定教育特色、综合能力较强的优秀班主任，这段“路程”可以说是痛苦又幸福的，但我却很享受。

一分耕耘，一分收获。十多年来，我所担任的班级考试成绩一直在全校名列前茅。我也得到了家长的认可、领导的好评和学生的信任，先后被评为优秀教师、骨干教师、优秀班主任。一篇篇论文在各级比赛中获奖。

十多年的班主任工作让我明白了，教师引导学生成长的过程，其实就是自我成长的过程，也让我懂得了师爱的真谛：把自己教成孩子！

教育，永远在路上，班主任工作任重而道远。

作者简介及教育理念：

招阳辉，男，1979年6月出生，本科学历，中共党员，小学语文一级教师，现任教于龙头镇冠中小学。曾获坡头区班主任技能大赛一等奖、湛江市第七届班主任专业技能大赛决赛二等奖、坡头区语文教师专业素养比赛三等奖。先后被评为坡头区“优秀教师”“优秀班主任”“教研积极分子”。

教育理念：爱是打开学生心灵的钥匙，没有爱就没有教育。

批评错了

■ 林　辉

批评是一种教育。适当地批评，可促进学生提高认识，对学生身心发展起到良好的教育作用。但有一次，我批评错了。

星期三下午，急促的上课铃声响起，我匆匆走进六年级教室，像往常一样，先环视教室一周。出乎意外，教室一片纷乱，使我愕然：同学们有的手拿着带叶的木枝正在寻找适当的存放处；有的将剥掉皮的木棍横七竖八地往抽屉里乱塞；有的甚至发出惊恐的叫声；有的咧嘴吐舌做着鬼脸……从教以来，我还是第一次在课堂上遇到如此“挑战”。凭经验，我认为这是一个乱班散纪的信号，必须加以制止。于是，一阵不容分辩的批评，像无情的冰雹倾泻在同学们的头上，并命令班长立刻将所有的木枝、棍棒收集起来扔到垃圾篓里。同学们被我的暴怒震慑住了，在沮丧的气氛中，我讲完了这节课。我知道没有达到预期的教学效果，但是可能达到了整顿纪律的目的，带着权衡得失的心情，我回到了办公室。

“报告！”一个熟悉的，但显然带气的声音。

“进来！”班长跨进我的办公室。

“林老师，今天您不该发那么大的火。”班长说，“同学们采集的木条小棍不是为了玩耍，而是数学老师让我们利用课余时间制作各种几何图形。您不问情由就狠狠地批评我们，我有意见。”说完，他将头扭到一边。

“有什么意见？即使是老师让你们制作学具，也不能影响上课，今天的课堂秩序那么乱，你没有责任？”为了维护自己的“尊严”，我拒绝接受他的意见。

说实话，这时，我脑海里又浮上了另一种想法。班长代表的是多数同学的意见，我这样回绝他，会伤了大家的心。老师的“尊严”应该是在自己的言谈举止、所作所为被同学们充分肯定中树立起来的，在坚持真理、修正错误中树立起来的。过去我对学生总是高标准、严要求，而对自己却没有对等的要求。每次开思想总结会，我总是一味地启发学生要“知无不言，言无不尽”，要勇于开展批评与自我批评，结果却常常达不到预期的目的。原因何在呢？主要是我自己没有给学生做出表率。想到这里，我对自己的做法深感不安。

我经过反复考虑，终于决定在星期五下午的思想总结会上向同学们做检讨。会议开始了，我说：“同学们，星期三在上品德课时，我不了解情况就粗暴地批评了大家，你们受委屈了！”同学们没有料到我会这样，大家的注意力立刻集中到我的身上。

“作为老师，在是非面前应该和学生一样，坚持正确的，改正错误的。星期三下午我应该先调查清楚，然后采取适当的方式加以解决，而不该大动肝火，随意批评大家。现在，请大家给我提批评意见吧。”一阵小声议论之后，同学们纷纷举手了。

“同学们，那天我们没有按时做好课前准备是有错的，老师的批评也是对的。林老师还真诚地向我们做检讨，我们还有什么理由隐瞒自己的缺点和错误呢？我们有毛病就要有勇气开展批评与自我批评。”班长带头做了启发性的发言。他接着说：“上次期中考试我给同桌递过纸条，这种行为不对，今后我一定改，希望大家监督。”

接着，同学们一个个争先恐后地举手要求发言。

思想总结会开得很热烈，有半数同学发言，诚恳地检查了自己在思想、行为方面的各种毛病。听班主任说，那次思想总结会成了不少同学进步的起点和转折点。从此，班风大为好转，他的班期末被评为学校的双优班，原来的几个学困生还被评为“三好学生”。

实践使我认识到：身教重于言教。教师在学生面前诚恳而坦率地承认并认真改正自己的过失，学生便会受到感染，身教的作用可真大呀！

作者简介及教育理念：

林辉，男，1969年10月出生，中共党员，大学本科学历，小学一级教师，现任南调街林口小学副校长，是广东教育学会小教会员，获“坡头区优秀教师”“坡头区小考先进个人”称号。主持及参与省级小课题2项，其中1项研究成果获得广东教育学会第五届教育科研规划小课题研究成果三等奖。有多篇论文在核心期刊上发表。

教育理念：为学生的生命质量负责，为学生的终身发展奠基。

感动，让我一路前行

■ 赵崇敏

怀着对教育的满腔热情和对未来的美好憧憬，2010 年我踏上了讲台。成长的历程是艰辛的，成功的喜悦是甜蜜的。八年的时光，让我体味到了为人师表的诸多滋味。

依然记得 2010 年 8 月 30 日的下午，我怀着既兴奋又紧张的心情来到爱周中学报到。刚参加工作，我便接到第一个任务——担任高一的班主任。说实在的，当时我根本没有充分的心理准备去担任班主任的工作。但是，作为一名刚参加工作的青年教师，面对任务岂能退缩？这不辜负了学校领导对我的期望？于是，我欣然接受了学校的安排，并下决心带好这个班级。可是，工作进展并不顺利。

在与学生相处了一段时间后，我发现这个班的学生上课纪律差，开小差、说话、打闹是常有的事，作业不按时完成。更气人的是，有几个学生总爱惹是生非，同学们的告状声时时在我耳边回荡。

为了“打压”这些学生，我在班里“约法三章”，想树立教师的威严。可是我的“纸上谈兵”似乎没效果，学生们每日依旧“活力四射”，而我依旧声嘶力竭地说教。

终于，嗓子在我每日的奋力拼搏中“罢工”了。课堂上，我只好拖着疲惫的身躯，用沙哑的声音给学生上课。令我意想不到的是，这些平日里的“魔头”好像一夜之间变得懂事了，课堂上没有了不安分的小动作，一双双心疼的眼睛盯着我，精神时刻集中在听课上。这堂课下来，我享受到了从没有过的轻松。而更令我惊喜的是，我回到办公室时竟看到一盒包装精美的润喉糖放在我的办公桌上。是谁送的？我的脑海里闪过学生们的一张张脸庞。那一刻，我的眼眶湿润了，我的心被这些学生温暖着、感动着，身体的不适已被抛到脑后，我第一次感受到了为人师的幸福。

小小的感动让我真正明白了，要重新理解学生。许多时候，他们也不想犯错，只是长时间形成的习惯不易改掉，他们很难管得住自己。良好行为习惯的养成需要时间，需要循序渐进。如果换一个角度看待他们，搞怪的“魔头”也有着善良的一面，教师不应该用一成不变的眼光看待他们。因此，我开始反思自己，开始转变对学生的态度、教育的方法，继续我和学生们的心灵之旅。

前行，源于感动。在爱周中学工作了7个学年，我出色地完成了学校交给我的每一项工作。为了改变小学教学薄弱的现状，我区大力鼓励中学老师到小学支教。2017年8月底，我主动申请到小学支教。

在区教育局的安排下，我来到了官渡镇新圩小学。这所学校有6个年级，只有48名学生、7名教师。学校规范的管理使人难以懈怠，7个老师管6个年级，工作量满满的。他们长期扎根农村小学工作的精神令人感动。由于农村学生家庭教育的缺失，同城区教师相比，这里教师的隐性工作量增加了许多。每位教师都身兼数职，常常是才迈出语文课堂，又走进美术课堂，转身又在科学、体育课上出现，一周26节课令我有点儿吃不消。刚到新圩小学，面对和高中生完全不一样的小学生，我要如何教好他们？正当我迷茫的时候，爱周中学校长陈志强、副校长陈恩及官渡镇中心小学校长陈宇亮来到了新圩小学探望我，给我鼓励打气。我被感动了，又有了前进的动力。我决心克服困难，努力完成支教任务。

我为支教工作定了一个方向，我认为，成人比成才更重要，应让孩子拥有远大的志向、正确的为人处世方法以及健康的心理。课堂上，当学生的回答出现错误时，我会送给他一个“微笑”，虽然“微笑”只有几秒钟，但对同学们来说却是下次更加努力的鼓励。我要让我的每一节课都给同学们带来收获，我要在支教的时间里，让他们的成绩有较大的提高，让他们在人生起步的时候不要和别人有太大的差距。支教给了我一段无比深刻的体验和感受，我看到了坚持的力量，感受到了工作的崇高，自己的心灵得到慰藉，灵魂得以荡涤，这将是我今后工作的不竭动力。

教育的动力是什么？是感动！教育的成功是什么？是感动！感动，不仅是心中的一片温暖，不仅是热泪盈眶时的无言，也不仅是内心顿生的冲动。它如春风般轻柔无声，它像雨后晴空中的彩虹般灿烂。我从教8年，行走在教学路上，虽然我的羽翼尚未丰满，但是我默默地耕耘着自己的教育热土，收获着我和孩子们的点点滴滴，享受着属于自己的教育幸福。

不仅孩子们给了我感动，领导也给了我感动，感动时时刻刻在我身边，感动让我在教育的路上一路前行。

作者简介及教育理念：

赵崇敏，男，1985 年 12 月出生，2010 年 6 月毕业于湛江师范学院，本科学历，中学数学二级教师，现任教于爱周中学。多次获得“校研究性学习优秀指导教师”“校优秀教师”“校优秀班主任”等荣誉称号。

教育理念：当普通人，做平凡事，服务学生，润物无声。

爱的硕果

■ 钟晓虹

1997年从广州师范毕业后，我成为一名光荣的人民教师。寒来暑往，花开花落，不知不觉经历了21个春秋。一路走来，我在教育孩子的同时也从孩子们身上学到很多，收获了真情和友谊。

一张笑脸

我被分配到坡头区龙头镇石井小学任教。那时，农村小学老师比较少，课务比较繁重，我任教二年级和四年级的数学。因刚参加工作，满怀激情地想干好工作，我及时向这两个班的前任老师请教。通过老师的介绍，我知道二年级学生的特点是乖巧、听话、易教，而四年级的学生调皮、好动。那些有经验的老师还叮嘱我要对学生们严厉点儿，树立起老师的尊严，我谨记于心。从踏进四年级教室上第一节课开始，我就板起脸，从来没笑过。学生稍微有一点儿过错，我就非常严厉地批评，吓得学生都不敢动一下。我心里暗自高兴：这些小家伙被我管住了。可是，我慢慢地发现，我的课堂气氛很沉闷，没有学生回答问题，课堂很安静，课反而上不好了。

难道我做错了什么？正当我百思不得其解的时候，学习委员莫小文到办公室塞给我一封信，就赶紧跑开了。我打开信，第一句话就是：钟老师，你笑起来真好看，干吗一进我们班脸就变了样？是我们做错了什么让您生气了吗？看到这，我内心一震。再往下看，莫小文说在上体育课的时候，看见我在二年级上课，课堂氛围很好，不但会对学生笑，还会表扬学生。她整节体育课上没有和同学去活动，而是偷偷地躲在窗户旁听我上了一节课。她希望我在他们班上课也这样。她还说同学们其实很喜欢我，同学们也很聪明，最后还请我下一次上他们班的课时一定要把微笑带进课堂。随信而来的还有一张别致的卡通笑脸贴纸。我把信看了又看，盯住那一张笑脸，一种内疚之情油然而生，更有一种感激之情塞满胸怀。内疚的是我怎能不做深入了解而光听别人一说就给学生乱贴标签？感激的是农村淳朴的学生给刚毕业的我上了很好的一课。

于是，我改变开学两周来装出的很凶的样子，第一次带着灿烂的笑容走进了四年级教室。自此之后，我的课堂上多了微笑，少了黑面，多了表扬和鼓励，少了批评和指责。之前沉闷、压抑的课堂气氛一扫而光。一张笑脸，换来了这班学生有序的活跃，换来了课堂上学生的大胆发言，换来了令人满意的课堂教学效果。

为此，我也采取写信的方式感谢莫小文，在信中我跟她说："你也是我的老师，教会我教你们的最佳方法。"小文是个文静的小女孩，话不多，她有什么心里话都写信告诉我。她小学毕业后，我们就经常书信来往，我们还把每年的4月1日定为我们的"友谊日"。从此，我又多了一位好朋友，一位知心人。

感谢你，一张笑脸！是你让我的课堂生辉，是你让我打开了学生的心锁。

一辆用铁线制作的精致自行车

教育是爱的事业。陶行知先生曾说："爱是一种伟大的力量，没有爱就没有教育。"教育的最有效手段就是"爱的教育"。调皮、不爱学习的学生，每个老师都会遇到。

2016年，我任教六年级的数学课。有个学生叫小飞，他上课时总是不能专心听课，不是跟这个同学说话就是跟那个同学说话，没人配合他说话他就独自一个人开小差，每节课都因为他而耽误好多时间。开始时，我在全班同学面前严厉地批评了他，结果他不但没有悔改，还变本加厉地胡闹，下课又爱疯打，是个不折不扣的"坏小子"。课后，我又多次跟他沟通、教导他，他口头上答应得好好的，可是一转身依然我行我素，毫无长进。为此，我还多次请他的家长到办公室，共同商讨教育他的方法，可他还是“勇于认错，坚决不改”，岩石一块，我都被他气晕了。我想还是算了吧，或许他本来就是根“朽木”。

一天上课时，我发现他猫着腰，低着头，聚精会神地在抽屉里捣鼓着什么，连我停下课走到他身边他都不知道。只见他正在用铁线制作一辆很精致的自行车，全班同学都在静静等待着我的爆发。他发现我之后，就手忙脚乱地想藏起自行车。我怒火中烧，正要爆发，突然发现这一辆自行车制作得十分精致，瞬间灵光一闪，这不正是他的优点吗？我想这个就是突破口。于是，怒火在我胸中熄灭了，我轻声说：“哇！小飞，你好厉害哦，自行车做得这么好看！拿起来让同学们欣赏欣赏吧。”他听话地站起来，举高手里的自行车，向全班同学展示，班里的同学也围过来看，都夸他做得好，他高兴极了。我趁热打铁地说：“小飞，你可不可以把它送给我，我会把它放在我的办公桌上，告诉别人，这是我的学生小飞亲手做给我的。”小飞很高兴，赶紧递给我，说：“老师，送给你。”同学们投来了羡慕的目光，我从小飞眼里看到了自信。

此后，我还特意让他帮我做教具，拿着他做的教具来上课。有时，我故意漏拿东西，让他到办公室帮忙拿。时间长了，他感到我处处想着他，看得起他，从而喜欢上我的课了，课上听得特别认真，课后还主动问我问题。对他的这些进步，我及时进行表扬和鼓励。

由于他基础差，知识缺漏较多，放学后，我主动帮他辅导，他很用心地学，进步很快，考试从不及格考到 83 分，而且还在不断前进。看到小飞在进步，我感到由衷的高兴。

作者简介及教育理念：

钟晓虹，女，1978 年 5 月出生，大学本科学历，小学数学高级教师，现任教于坡头区第一小学。是坡头区优秀教师、湛江市小学数学学科骨干教师、湛江市第二批名教师培养对象。曾获坡头区小学数学课堂教学竞赛第一名、湛江市小学数学课堂教学竞赛一等奖、湛江市小学数学教师录像课比赛二等奖。

教育理念：致力于培养学生良好习惯，提高学生综合能力，发展学生核心素养。

撕掉标签 促进成长

■ 骆秋良

连续三年教师节，我都收到李某某同学的短信，这是一个优点和缺点一样多的学生。他的短信只有简单的几个字：“老骆，教师节快乐！”看到这几个简单而充满情感的字，我不禁想起了我跟他的点点滴滴。

那是2010年的秋天，新学期开学后不久，有一次我上课的时候，李某某一而再再而三地弄响桌子，影响课堂教学。我心想，我得给他来个下马威！我冷冷地对他说：“你站到后面去！”他听了我的话，一脸不屑地瞟我一眼，站到了课室后面。

第二天，李某某竟然又在自修课上睡着了。我立刻把他叫出课室进行批评教育，他阴阳怪气地说：“你为什么老针对我？小陈睡觉你为什么不罚？”我当时并没留意到小陈睡觉，小陈学习成绩好，看起来既文静又老实，于是我理直气壮地说：“人家是不舒服趴下了，而你是偷懒！”李某某听了，只是“哼”一声，就再也不说话。

此后，每当我在班里说话，李某某都没有正眼看过我。有一天，班里的情况记录本（德育操行方面的）被撕了。在我看来，李某某的嫌疑最大，我单独把他叫到办公室进行询问。李某某一听，歪着脖子，粗着嗓门大声吼道：“你凭什么认定是我？”为此，我询问了班上好几位学生。让我始料不及的是，撕本子的竟然是所有人眼中成绩顶呱呱的好学生——小陈！这个结果让我很愕然和不安。那时，我想起了李某某被我惩罚时所表现出的“瞟”“哼”“吼”，不禁无地自容，幡然醒悟：是我一开始就把“坏学生”的标签贴在李某某身上，这是多么严重的错误啊！我赶紧向李某某道歉。我的道歉是他始料不及的，他原来的抵触情绪也就随之消失。我也抓紧时机，和他沟通，明确指出了他存在的问题。

此后，我们之间的关系变得融洽了，他还称我为“老骆”。我知道他喜欢打羽毛球，就邀他打羽毛球。他跑步特别快，我就极力推荐他参加校运会100米比赛和4×100米接力赛，帮助他建立起集体荣誉感。慢慢地，李某某在纪律和学习上有了不小的进步。

苏霍姆林斯基曾说：“请你记住，教育——首先是关怀备至地、深思熟虑地、小心翼翼地去触及年轻的心灵。”是啊，在对李某某的教育过程中，我意识到主观、武断会严重挫伤学生的自尊心和上进心。我必须撕掉标签，用发展、辩证、全面的眼光看待学生，树立起正确的学生观，以促进学生健康成长。

作者简介及教育理念：

骆秋良，女，1988年10月出生，2010年6月毕业于华南师范大学数学与应用数学专业，本科学历，高中数学一级教师，现任教于坡头区第一中学，有5年班主任经历。

教育理念：心里种下的是爱，长出来的一定是阳光；尊重是人性的起点，也是教育的起点；一个好的老师，不是带着枯燥的知识点，而是带着智慧，带着亲和力，带着人格魅力走到学生中去。

在乡村小学支教的日子

■ 谢业洁

2016 年 9 月至 2017 年 7 月，我去一所乡村小学支教。

当我踏进校园时，第一眼感觉挺荒凉的，学校面积不大，只有一栋 3 层的教学楼，大楼外墙只是简单地粉刷成不同的颜色，有些地方的颜色已脱落了，大楼显得破旧沧桑。教学楼的对面就是教师宿舍，距离只有 30 米左右。学生总人数不足 100 人，每个年级只有一个小班，人数最少的班只有 8 人。全校只有 7 位老师，我们来了之后也才 9 个人，师资严重不足。操场边还建了个舞台，村里有什么重要活动，就在这里举行。

学校给我安排的是学前班及一、二、三、四年级跨学科的课程，除了数学和体育课之外，其他的科目我都兼任了，是名副其实的“万金油”。听校长说，以前学校师生人数还是比较多的，后来，村民外出打工，就把孩子带到城镇里读书了，留在农村读书的小学生越来越少，加上当时老师的薪酬待遇也不高，一些老师跳槽了，导致师资力量越来越薄弱，而农村的各种条件本来就比城镇差，这样形成了恶性循环，乡村师资和生源就严重缺乏了。

因为老师不够，所以我的课程特别多，每星期要上 25 节课，一天下来，嗓子都哑了。我还担任一年级的班主任，一年级小朋友天真可爱，幼稚单纯，活泼好动，情绪不稳，对他们不但要有爱心还要有耐心。以前在中学工作，面对的是初中生，个头比较大，现在面对的是小豆丁，一开始还真不习惯，原来对初中生的教育教学方式也要转变过来。不过，一年级小朋友很信任老师，把老师的话语当作权威，如果得到老师的肯定与鼓励，他们会变得自信大胆。比如在读书时，我夸了哪位同学读书声音大，其他小孩就跟着大声念书，渴望得到老师的表扬，后来发展成个个喊得脸红脖子粗，像一群小公鸡，非常可爱。比如做作业，表扬哪个小朋友写得又快又好时，其他小朋友也开始相互竞争起来，纷纷表现出自己也能做得又快又好。

一年级小朋友年龄小，自控力差，上课时容易坐不住，注意力不集中。有的小朋友坐了几分钟就离开座位手舞足蹈了；有的跑到其他小组和别人说话；有的自娱自乐，拿着自己的新文具盒或者玩具在玩耍；有的把教室当成跑道，从前排跑到后排，绕教室飞一圈，像蝴蝶蜻蜓展翅飞翔。这时，我就会板着脸严肃批评这些不良习惯，重申上课的要求和纪律，同时在课堂上插入一些比赛和游戏，尽量吸引学生的注意力。比如分小组比赛朗读，看哪个小组读得准确无误，评选出读得好的进行表扬；或者叫几个小朋友代表小组比赛看图说话，看哪位小朋友表达清晰流畅；在学到动物故事课文时，让小朋友模仿不同动物的说话声音、行为进行表演，看谁模仿得惟妙惟肖。

在上班会课、思想品德课时，我带领他们学习学校的规章制度，提醒学生做好上课准备工作。因为小学生忘性大，所以要不厌其烦地再三提醒，才能让他们记住。我经常表扬表现好的或者有进步的小朋友，让他们成为班里的榜样。比如让班里学习成绩好的学生介绍自己的学习方法和习惯，让其他学生了解借鉴。为了给他们留下有趣的回忆，引导学生养成正确的价值观，在活动课上我经常给小朋友们讲童话和神话故事，如白雪公主、三只小猪、穿着靴子的猫、牛郎织女、葫芦娃等，这时他们总是睁大眼睛一眨不眨地看着我，听得津津有味。

除了担任一年级班主任外，我还上三年级的英语课。三年级英语课内容挺简单，主要是学习日常生活中简单的对话，认识基本的水果、天气、人体、文具等单词和语句。如何提高他们的学习兴趣呢？上课时，我会用多媒体+实物来和学生互动。比如教水果单词时，我会准备苹果、梨、香蕉等实物，在课堂上给他们展示出来，然后教学生读、写单词，进行反复的练习。有些教学内容无法用实物展示，我就用大量的图片或者设计一些有趣的游戏来帮助他们认识、掌握这些内容。比如在学习《We Love animals》时，我用手影动作来展示，提早在网上搜索并学会像 duck、cat、dog、pig 和 peafowl 的手影动作，在电脑屏幕上示范给学生看。由于这些都是简单易学的，因此学生一看便兴致勃勃地跟着做。我一边问：“What’s that?” “What’s this?”学生一边兴奋地回答：“duck” “cat” “dog”……然后，我让学生到讲台上来表演。他们做着不同动物的模仿手影，有些学得很像，有些手弯不过来，下面的学生就在旁边伸出小手和他们一起做。顿时，一双双小手在我眼前不停地做着各种姿势，屏幕上的黑影也在不停晃动着。下课后，班里的学生意犹未尽地说：“上英语课很快乐呢，笑着玩着就过去了。”

因为教学效果还不错，学生对英语产生了浓厚的兴趣，考试也取得了良好的成绩。这一年镇抽考，我教的英语取得第二名的成绩，期末考试平均分是 91 分，有两名同学考了 100 分。除此之外，我还利用活动课组织三年级学生进行课外拓展活动，如水果拼盘比赛、农家乐活动和煮汤圆活动。学生兴致勃勃地积极参与，乐不可支。

时间飞快地逝去，在“绿了芭蕉，红了樱桃，回黄转绿的时光流转中”，一年的支教生涯已告结束。每天早出晚归、来去匆匆的日子，和小豆丁们欢乐相处的时光给我留下了难忘的回忆。

作者简介及教育理念：

谢业洁，女，1985 年出生，中共党员，毕业于湛江师范学院历史系，本科学历，中学历史二级教师，现任教于官渡中学。曾被评为校优秀班主任、校优秀教师、坡头区中考先进个人。

教育理念：尊重与爱护学生，成为他们学习与生活的一盏指路灯。

爱是阳光雨露

以心育心　让爱生花

■ 卢其贞

春风化雨，润物无声。冰心曾经说过，有了爱就有了一切。爱，是人性的基石，是道德的起点，是教育的灵魂。教师是一个充满爱与责任的光荣职业。

我们班有个学生叫小强，他性情暴躁，动不动就打同学，课堂上经常带头讲话，搞小动作，乱窜，如入“无人之境”，成绩又不好。初一、初二时，学校领导、老师多次找他谈话、教育，但他无动于衷。对于他，家长头痛，老师更是一筹莫展。

到了初三，学校指定我当小强这个班的班主任，我接受了任务，决心用爱去感化这个“特殊”的学生。开学初，我先向他父母和前任班主任详细了解他的情况，还到他家家访，和他共同生活了一天。我发现他多疑、敏感、暴躁，但也想读书，最大的理想是毕业后能读技校汽修专业。他也有号召力，班里调皮、不爱学习的同学都听他的话。

针对他的特点，从开学第一天起，我就全程关注他，亲自过问他学习、生活的情况，还安排他做纪律委员，负责记录班里的违纪情况，每天把记录交给我检查。我这样做的目的有三个：第一，及时了解班里的纪律情况；第二，创造更多我们交谈的机会；第三，让“纪律委员”这个“官”规范他的行为。他做得好了，我就及时表扬他。人都喜欢听好话，得到老师的表扬和肯定后，他更注意严格要求自己，过去的一些缺点得到改正。科任老师高兴地对我说：“卢老师，小强变了！上课认真！还是你有办法！”小强的转变，让班风发生很大的变化，科任老师个个充满信心，乐意走进我们班的教室。但是好景不长，大约一个月后，小强的坏习惯又作祟了，班里违纪苗头又死灰复燃。这次不管我怎么苦口婆心，苦苦教导，情况都没有明显改变。

一天早上，早操和早读时，我发现小强没来。于是，我到宿舍查看，发现小强盖着被子，满脸通红地躺在床上。我伸手摸摸他的额头，他发高烧了！于是，我叫醒他，他神情呆滞。我问他哪里不舒服，他说："很冷。"我又问："你吃药了吗？"他说："没事，让我睡一觉就没事了。"但是发高烧岂能当儿戏？于是，我叫来一辆三轮摩托车把他送往镇卫生院就诊。到了医院，医生说他患了重感冒，要输液。我给他办好输液手续并为他付了医药费。在输液过程中，我一直陪伴着他，和他聊天，还买来早餐让他吃。输液结束后，我又叫车送他回宿舍。在宿舍里我用热水给他擦身，喂他吃药，助他退烧，到了中午放学的时候，他的体温终于降下来了，神志也清醒了。我离开宿舍前，叮嘱学生帮他打饭，再三叮嘱他按时吃药。两天过去了，他痊愈了。周五放学离校时，小强到办公室找到我，说："老师，那天我病了，一共用了你多少钱？下周带来还给你。"我说："用了多少钱不是问题，要紧的是你没事就好，这些钱就不要记在心上了。"最后，他满怀感激地离开了。从那以后，小强好像换了一个人，他把这个班当作自己的家，以身作则，用心把班里的纪律管好，还经常帮助同学做这做那，成绩也上来了。那年中考，他考了527分，顺利被湛江第一技工学校录取，实现了自己的愿望。后来，他父母带着他到我家感谢我，他妈妈拉着我的手激动地说："老师，没有你的关爱，我的小强现在还不知是啥样呢！"

爱是教育的基石。教师只有真心实意地关爱每一个学生，才能像吸铁石一样把学生吸引到自己的周围。爱得深切，学生才会敞开自己的心扉，乐意听从教师的教诲，这时候，教育才会收到良好的效果。

作者简介及教育理念：

卢其贞，男，1974年10月出生，1996年7月毕业于湛江师范学院，本科学历，中学化学一级教师，现任教于南调中学。从教23年来，一直坚持工作在教学第一线，担任九年级化学教学工作，其间还担任14年九年级班主任、7年九年级级组长和5年理化生科组长。

教育理念：以心育心，以德育德，以人格育人格。

挂　念

■ 江华珍

一方书桌，两支粉笔，三尺讲台，四季更替。日子总是在这种看似简单而重复的相似中飞逝。不知不觉，我已在三尺讲台上站了八个春秋。在这八个春秋里，有那么一张面孔总会勾起我一番记忆。

那是2013年，我任初一（1）班的语文老师，那是一个很不错的班。一段时间之后，我发现这个班的孩子语文基础挺好的，不少同学的作文也写得很不错，其中有一个叫陈田子的女生表现得尤为突出，引起了我的注意。

那是一节让我印象深刻的语文课。当时，我正在讲授冰心的《荷叶母亲》，整节课上得非常顺利，学生很活跃。在后半节课，我还引导学生回忆母亲对自己的爱，最后欣赏了《烛光里的妈妈》这首歌。当时班上有不少孩子偷偷抹起了眼泪，而在教室的角落里，有一个孩子在不断地啜泣，那正是陈田子。当时我以为她只是比别的孩子更多愁善感而已。没想到，过两天她交上来的周记让我大吃一惊。在文章中，她向我吐露了一些情况。

原来她是个单亲家庭的孩子。母亲很早就去世了，父亲年纪也大了，家中还有个比较小的调皮弟弟。因家境的原因，她从小就很自卑，从不敢在人前多说一句话，连上课时面对老师的提问，也胆战心惊、声细如蚊。她很感谢遇上我，觉得我对她关怀备至，给予她慈母般的呵护与关爱。

也正是知道了她这种特殊情况，此后在课堂上我更加注意她，时常请她起来回答问题，也经常找她谈心，开导她，鼓励她，尽量帮她解决面临的困难。而她，亦不负我所望，语文成绩一直很优秀，作文也越来越出色，每一次都被选作范文在班上朗读。她也数次在作文和周记中向我表达她的感激，感谢我点燃了她生活的希望，给她的人生添上了绚丽的色彩。就这样，在彼此的欣赏与感激中度过了一年的学习时光。第二年，我没上这个班的课了，可故事还在后面。

2015年的时候，我突然想起了应该读初三的她，于是便向教她的老师询问她的近况，而结果却让我大吃一惊。原来，她已辍学！一个让我自豪而骄傲的学生，一个语文资质如此好的学生，为什么在初三的关键时刻辍学了呢？我多方打听她的消息，最后终于联系上了她本人。以下便是我与她的对话摘要：

我：田子，能跟你聊聊吗？我听说你不读书了，能否告诉我为什么吗？

田子：老师，我家实在是太穷了，我爸爸年纪很大了，而我弟弟还要读书。我不忍心爸爸那么辛苦，我想帮帮他。我已经在深圳打工了。

我：可是，你还小，读书又不要交学费，你已经读初三了，不管怎么说都应该先读完这一年再说吧。你不应该在这关键的时候放弃自己。你先回来吧，有什么困难我们一起想办法去解决，好吗？我们都会帮你的。你的成绩这么好，不读书真可惜了。

田子；老师，您不用劝我了，您说的我都懂，只是我已经决定了。人生不如意之事十有八九，有选择就会有得失，既然我是在深思熟虑之后做的这个决定，我就要承担由此而带来的后果。老师，您放心吧！我很好。每个人都有自己的路要走，别人无法替代。这是我的选择，这是属于我的路，哪怕前面荆棘丛生，我也信心满满，我总能找到那一片属于我的天空的。老师，请您放心并祝福我吧！

…………

那一刻，我竟无言以对；那一刻，我心如刀割！一个我曾引以为傲的学生却无法完成初中的学业，一个颇有资质的学生却甘心放弃了继续读书的机会，而作为师长的我竟对此无能为力，还要她反过来劝勉我！何其悲哉！自那之后的好长一段时间里，只要想到她，想到这个懂事到让人心疼的孩子，我的心情就久久无法平静！

她曾托同学给我女儿带过一份小礼物，虽花钱不多，却是她用自己的劳动所得为老师奉上的满满的心意。每个节日，她都会给我发来节日的祝福。让我印象最深的是2015年教师节，她给我发来短信：华珍老师，教师节快乐！虽然我不是您最出色的学生，但您是我最尊敬的老师。在以后的日子里，愿您身体健康，天天好心情！

当看到这条信息的时候，我的心中五味杂陈，既为她的辍学而扼腕，又为她的懂事坚强而感到欣慰。是的，她还只是一个十五六岁的小女孩，却能有如此的心境，能如此坦然地面对生活的风雨，坚定地走自己的道路，以后的人生道路上还有什么能难得住她呢？还有什么是她不能从容面对并解决的呢？我还有什么放心不下呢？但我还会挂念着她，因为我们曾是师生。

作者简介及教育理念：

江华珍，女，中共党员，初中语文二级教师，2010年参加工作，现任教于米稔中学。工作认真负责，精益求精，有高度的热情和强烈的责任感。被评为坡头区优秀支教教师、校优秀班主任。

教育理念：全心全意对待工作，用心关爱呵护每一位学生，“捧着一颗心来，不带半根草去”，让爱遍洒桃李。

走进心灵　用爱沟通

■ 陈小红

我从事教育工作已二十多年了，每天在我身边都发生着许多故事，它拓宽了我爱的胸怀，涵养了我崇高的使命感和责任感。下面，我给大家讲两个至今还在深深地感动着我的小故事吧。

那是2001年秋季，那时我在乡村小学任教，当一年级的班主任。那些小孩子初来乍到，对什么事情都感到新奇。课堂上，叽叽喳喳的，个个都相当活跃，一提问，个个都高高地举起小手，唯恐老师没发现自己。这群孩子太可爱了！

可是，有个小女孩却与众不同。她上课从来不举手回答问题，课间总是一个人呆呆地坐在座位上，不和其他同学一起玩耍，别的同学也疏远她。她，引起了我的注意。她叫阿芬，是个患有小儿麻痹后遗症的小女孩，年纪比其他学生稍大。她走路一瘸一拐的，写字也只能用左手，说话时嘴歪到一边，脸上从来没有过笑容，好像阳光从来没有照到她身上一样。再了解，其实是自卑感在阿芬心里作祟。这也难怪，自小在村里小伙伴就经常取笑她，叫她"瘸子""歪嘴"，不和她玩耍。慢慢地，她就把自己的心封闭起来了。

此后，我经常有意无意地和她聊天、拉家常，多组织些集体活动，邀她参加。课堂上我也经常叫她起来回答问题，答对了，不忘表扬她几句。慢慢地，她虽然还不敢主动举手回答问题，但脸上已出现了久违的笑容。批改作业时，我发现阿芬虽然用左手写字，但字写得非常工整、漂亮。于是，我在班上举办书法比赛，当场评比，她的书法作品被评为一等奖，并被贴在教室的展示栏里。站在领奖台上，迎着同学们那羡慕的目光，她脸上露出了微笑。其实，阿芬是个非常聪明的孩子，每次考试，她的成绩都名列前茅，我经常在班上表扬她。渐渐地，在课堂上，她能主动举手回答问题了，并很乐意在课外认真地给同学解答问题，成了同学们的“小老师”。

阿芬家庭生活困难，她爸爸年纪很大了才娶到她身有残疾的妈妈。她家离学校比较远，有时候爸爸没空来接她，她就把早上买的包子一分为二，一半留到中午吃。记得那天期中考试，上午考试结束后，学生们都回家了，我也回宿舍做午饭。刚准备吃饭，我往我们班教室一看，发现里面有人头在晃动。我想，这个时候了，还有谁在教室？于是我跑去教室，发现阿芬还坐在座位上，嘴里似乎还在嚼着东西。一见到我，阿芬就下意识地用手捂着嘴巴。我问：“阿芬，为什么还不回家？”她说：“我爸爸没空，妈妈又接不了我，我走路又慢，为了不影响下午的考试，我就不回家了。”多懂事又多可怜的孩子呀！一下子眼泪就在我眼眶里转，我强忍着就要奔涌出来的泪水，扶起她往宿舍走去。回到宿舍，我让她坐好，然后盛了一碗猪骨汤放在她手上，说：“孩子，趁热喝了吧！”捧着那热气腾腾的汤，阿芬的眼泪流了下来。我帮她擦去脸上的泪水，催她把汤喝了。喝完汤后，阿芬说：“老师，我很久没喝过这么好喝的汤，谢谢您呀！”我怜爱地抚摸着她的头，说：“以后，如果爸爸没空来接你，你就到老师家来喝汤，好吗？”听了我的话，阿芬不好意思却非常开心地点了点头。一碗汤就像一把钥匙，打开了阿芬的心锁。自那以后，阿芬敞开了心扉，遇到什么问题总喜欢向我倾诉，同学群中响起了阿芬无邪的笑声。

“春风化雨，润物无声。”心灵的鸡汤，最能滋润幼苗成长。同时，爱的心灵是相通的，付出了爱，就能收获爱的回报。

2012年的夏天，我教一个毕业班，这个班大部分男生比较调皮，我在他们身上倾注了很多心血。慢慢地，他们变得不那么调皮了，而且对我非常尊重，“老师好！”“老师好！”一见面就叫个不停，嘴巴好像涂了蜜糖。他们上课认真听课，课后总喜欢到我宿舍来坐坐，一会儿讨教问题，一会儿嘘寒问暖。我很高兴自己的付出有了收获，我希望同学们天天进步。

可是一天下午，上课铃声响了，我捧着书本进教室，却发现班中的三个“调皮大王”都不来上课，这可是从来没有发生过的事情呀，他们现在已经变得很乖了，前天我还表扬过他们呢，他们去哪了？我急了，立刻让其他老师帮我上课，然后一一打电话给家长，但家长都说没见到孩子。我不由得紧张起来。学校附近都是山塘水库，现在又正是炎热的夏天……我越想越怕，难道他们出什么事了？我不敢往下想，心急如焚，马上骑上自行车拼命地跑，一个池塘一个池塘地找。这时，家长也赶来了。我们找到其中一个浅水塘时，终于发现了他们。他们正挽着裤腿，一脚深一脚浅地在捉鱼呢，个个满脸都是泥巴，像个大花猫。我心中一块大石头落了下来，双腿好像软了。一位怒气冲冲的家长从旁边的树上折下一根树枝猛地向自己的孩子抽去。我急忙拉着他的手，阻止他打孩子。见到这阵势，孩子们既害怕又委屈，他们提起竹篮低着头走到我们面前，说："老师，对不起，我们不应该逃课，让您担心！"他们把竹篮递过来，说："老师，这是给您的，这段时间为了教育我们，您连菜也没空去买，您太辛苦了，我们不想您光吃白米饭。"竹篮里的几条鱼儿正欢蹦乱跳，好像在为他们求情呢。

这时，我真是百感交集，说不出话来，有点儿想哭。这个小篮子，哪里盛得下千斤重的师生情！

我轻轻地说，把脸洗干净，回去上课吧。

作者简介及教育理念：

陈小红，女，1974年12月出生，大专毕业，小学语文一级教师，现任教于坡头区第一小学。1994年8月参加教学工作，一直从事语文教学并兼班主任工作。在教育教学工作中注重教学方法的探索及教育方式的研究。所带班级在各项活动中表现突出，深受学校领导和家长的好评，多次荣获"区优秀班主任"称号。

教育理念：爱心献给学生，诚心送给家长，信心留给自己。

爱是尊重和发现

■ 陈日深

希腊神话中有这样一个故事：有位国王擅长雕刻，他用一段朽木雕成了一尊少女像，当他把爱全部倾注在雕像上时，奇迹发生了，少女获得了真正的生命。爱真是足以化平庸为卓越，化腐朽为神奇啊！我也常问自己，教师的爱是什么？我想：教师的爱像妈妈的心，关怀、体贴、包容；教师的爱像智者的话，传道、授业、解惑；教师的爱更像一双发现的眼睛，能够看到孩子们身上的每个小小亮点。

我们班有一个叫小鑫的小男孩，自控能力很差，上课时坐在座位上总是东倒西歪的，还随便打断老师的讲话；下课后，身材高大的他经常追着比他矮小的同学满操场、走廊狂跑；做作业时不爱独立思考，总是不问自取地拿同学的来抄袭；排队时不是碰前面的同学，就是碰后面的同学。无论是班上的男生还是女生，谁都不愿意跟他玩。对这样的学生，我还是从发掘他身上的闪光点来引导他。我在班上与同学们分享他的诚实、善良和热心为班集体做事的优点，同时把他写的一手漂亮的字展示给大家看，表扬他。我还告诉大家，他是我们班的一员，他想和大家在一起玩，我们要宽容地对待他，接纳他，并帮助他。体验到集体的温暖和自我的成功，慢慢地，他也能约束自己的言行了。

冬日周一的一次升旗仪式上，寒风凛冽，班里其他孩子都包裹得严严实实的，只有他没戴帽子，表情庄重地站在那里，一动不动，等待着国旗升起。我走到他的身旁，小声问他冷不冷，要不要把帽子戴上。他非常感动地说："老师，谢谢您。我不要，因为现在在升旗，您不是告诉我们升旗要肃立、脱帽吗？我得做个好孩子，不能给班级抹黑。"孩子的一席话深深地感动了我，他懂事了，懂得了荣誉，也懂得了珍惜。

孩子的心是纯真的，也是脆弱的，它就像待放的蓓蕾，我们稍不注意，就可能伤害了它。教师要善于用“爱”的清泉滋润孩子的心灵，用一双发现的眼睛捕捉到孩子们身上的每一个亮点，让它更加明亮。

作者简介及教育理念：

陈日深，女，1978年4月出生，中共党员，本科学历，小学语文高级教师，现任教于坡头区第一小学，担任学校语文教研组长。是湛江市小学语文学科骨干教师、湛江市首届名教师培养对象、坡头区小学语文兼职教研员。多次指导青年教师参加语文类教学比赛取得优异成绩，积极参与课题研究，更新教学理念，探究教育教学规律，是一位学习型的语文教师。

教育理念：寓教于乐，大胆创新；关注学生心理发展，关注学生知识掌控，关注学生言语智能生成。

关爱　赏识

■ 陈荣伟

教育学生的方法有许多种。我曾经用“关爱”和“赏识”这两把钥匙，成功地打开了学生的心灵之门。

没有爱就没有教育

有位大男孩叫小辉，是学校有名的后进生。我是他的班主任，从开学第一天起，他就天天和我打“游击战”，经常迟到、早退、无故旷课，到校外上网等。唉，遇到这样的学生，真烦！半学期下来，我不记得找他谈了多少次话，但他依然如故，后来居然想辍学。我骑着摩托车，顶着烈日家访，好不容易才把他请回学校。那次家访以后，我特别关爱他，因为我想：一个也不能少。

记得一天早上上体育课，一位同学跑来告诉我：老师，不好了，小辉受伤了！我飞快地跑去了解情况。只见他左脚底被玻璃划破，鲜血直流，脸色苍白，一脸的痛苦。我马上找来布条，帮他进行简单包扎后，用摩托车将他送到了龙头医院治疗。医生细心地为他清洗伤口，消毒，包扎。我见他伤成这样，真心痛。我付了医药费，细心地扶着他下楼上车，把他送回学校。

想不到小辉同学将我送他就医这件事写成了一篇作文，语文老师拿来给我看。文中写道：“班主任非常担心，帮我付了医药费，还像父亲一样搀扶着我，他真是一位好老师，我永远不会忘记他对我的那份关爱，我要改过自新。”此后，他逐渐改掉了那些缺点，成绩明显提高了。

对小辉同学的教育故事，让我感觉很幸福，因为我对学生付出了一点爱，就改变了一个学生。

友善待生，用赏识打开学生心灵之门

还记得几年前刚接手九（6）班，班中有个男生叫华森，科任老师和同学们常常向我反映他的种种“劣迹”。有一天早上上历史课，他思想开小差，老师批评了他，他不接受，还顶撞了老师。课后，老师将情况告诉了我。我找他谈话，气愤地说“你太不尊重老师了”，还毫不留情地把他的种种“劣迹”全倒出来。他听了，一副不以为意的样子，后来，就敷衍我说“是我错了”，说完转身就走。

事后我开始反思：在整个谈话的过程中，我明显感觉到他对我训斥的反感。对立情绪，使我无法走进他的心里，说服教育也就成了一句空话。我决定改变教育方式。为了对症下药，我向学生和老师做了一番“调研”，发现了他问题的“症结”。他是个留守儿童，缺乏关爱，自尊心又强，十分渴望得到老师的表扬和认同。但他基础差，成绩不佳，认为老师和同学对他不重视，所以平时一有机会，就搞一些恶作剧，以引起大家对他的关注。

找到问题所在后，我再次找他谈话。这次我把他请到我的宿舍，搬来凳子请他坐下。我拍拍他的肩膀说：“最近我从老师、同学们那里了解了你的情况，你给他们留下了同一个印象，”我故意停顿一下，“想知道是什么印象吗？”他朝我看过来，脸上露出了一丝好奇。我继续说：“同学们说你很幽默，最近进步不少，而且觉得你是个责任心比较强的人。”这时他的眼睛一亮，迅速地瞥了我一眼，眼中存有惊疑。我接着说：“这说明你在努力，在进步，在老师和同学们的心目中有一定的地位。现在同学们都推荐你当班里的文娱委员。”我停了一下，摸了摸他的头说：“我相信同学们没有看错你，我更加相信我自己的眼睛，不知道你怎么想？”他迟疑了片刻，便点头答应了。他走的时候，我送他一本笔记本，里面留下了我的赠言：“人生就好比一个本子，这一页写错了，下一页还是洁白的，就看你怎么写。”从那以后，他上课认真了，不搞恶作剧了，和老师、同学融洽相处。他编排和表演的小品节目获得学校元旦晚会一等奖，为班级争了光。没想到我一个大胆的尝试，一份他从来没有得到过的赏识和信任，成功地打开了他的心灵之门。

为了帮助华森同学更快地提高成绩，我批改作业和单元测试卷时，都给他写上一些赏识、鼓励的评语。如一次他的作业做得很好，我就给他写上：你的见解独特，与众不同，老师很欣赏你。有一次单元测试，他考进了全班前 10 名，我就在他的试卷上写上：后来居上，功夫不负有心人。经过半个学期的努力，他各科学习都有很大的进步。真没想到，这些评语，激励作用竟那么大。

从华森同学的进步中，我真正学会了赏识。

作者简介及教育理念：

陈荣伟，男，1981 年 6 月生，中共党员，本科学历，中学物理一级教师，现任教于龙头中学。是湛江市物理骨干教师、坡头区初中物理兼职教研员。获湛江市首届青年教师教学能力决赛二等奖、湛江市实验操作与创新技能比赛一等奖、广东省总决赛三等奖。曾被评为坡头区优秀教师、湛江市中考先进工作者、湛江市优秀志愿者、广东省优秀共青团干部。

教育理念：爱是开启学生心灵的钥匙，没有爱就没有教育。

让爱的阳光洒满校园

■ 肖　冬

2017年对于我来说注定是不平凡的一年，在这一年里，我送走了高中毕业的高三同学，又到坡头镇中心小学支教，迎来了我可爱的三年级小同学。我一腔热血，心怀憧憬，试图来这里寻找自己童年的记忆，也为了圆自己的一个教育梦。

在这里我遇到了很多前所未有的新情况、新问题，也经历了一次次的心酸、苦涩与感动。其中一件事令我至今记忆犹新。

那是2017年10月30日，开学差不多两个月了，星期一上午第一节是我的课。上课铃响起，教室里还是嘈杂声一片，可一想到这个年龄正是活泼好动的时候，我没有马上制止而是走上讲台，看看同学们会不会自觉安静下来。这个时候就看见教室后面一个男同学（暂且叫他小金吧）还在玩球，于是我叫他赶紧把球收起来上课。大约过了十分钟吧，我转过身板书，就听见教室又开始有声响，回头一看，小金坐在座位上踢起球来了。我走过去想把他的足球暂时拿过来，他竟然迅速地一把将球紧紧地抱在怀里。我说："把球给我！""不行！你不能拿我的球！"他埋着头一个劲儿地说。我说："现在是上课时间，你竟然玩球不听课，先把球给我！""不行！不给，就不给！"他用力抱着球，同我争辩着……

就这样僵持了几分钟，坐在旁边的同学也来帮我抢他怀里的球，终于……球落了地，辗转到了我的手上。谁知他竟然嘶吼着说："你抢我的球，我就不上课！我回家！"说着他从课桌里一把拽出书包，疯了似的冲出教室。这让我猝不及防，赶紧在后面追。知道他想跑出校门，我远远地就冲门卫喊："快关门，别让他出去！"唉，无奈门卫竟没反应过来，一没关门二不查问就把他放出校园了。我又气又急，深知作为一名教师要对学生在校的安全负责。眼见着他跑过马路了，万一出了事怎么办？面对这一突发情况，我该怎么办？我赶紧拿手机拨打开学注册时校讯通登记的家长电话，结果一直无人接听。噢，他二年级时的班主任可能有他家人的其他联系方式吧？想到这，我赶紧跑去他二年级时的班主任办公室，还好找到了他姑姑的电话。我赶紧打电话过去，可还是没人接，一遍、两遍、三遍……真是奇怪了，家长留的都是什么联系方式啊，遇到事情几个号码都联系不上！我心急如焚，没办法，只好向校长汇报。

在校长的指导下，我赶紧跑回教室安顿好学生并叫来老师帮我顶班，另外叫了班上两个去过小金家的学生陪同我一道立刻前去家访。这两个学生都是二年级时跟小金同班的，对他的情况也比较清楚。据他们反映，他在二年级时就是班上的“惯犯”，经常违反纪律。听到这里，我想，三年级的学生才 9 岁啊，到底是什么原因导致这么小的孩子养成如此多的恶习，性格还如此倔强、叛逆？

走着走着，我们来到了一栋三层楼前，院子里好几个大人正在忙着洗洗涮涮。询问过后，我们随小金的姑姑进了屋。他姑姑说：“在他大概两岁的时候，小金妈妈就离开了他们家，再也没有回来。他爸爸在外面打工也很少管他，二年级时听了他老师反映情况，回来便往死里打他，所以他在学校的事一般都是我出面处理，尽量不跟他爸爸说，因为他爸爸下手重，孩子还小，可怜啊。”说着他姑姑就冲楼上喊，叫小金下来。只见他好不容易才挪到楼梯拐角处，坐着便再不肯往下走。他姑姑说，以前他还能听自己的话，现在大了也知道家里的情况，变得很叛逆，自己的话他也不听了，不爱读书成天惹事，自己也不知怎么办才好，因为自己也有两个男孩儿，才两三岁，难免有时候顾不上他，爷爷奶奶年纪大了更是管不了。

听了他姑姑的叙述，我心情很压抑。这让我深深地感受到家庭的不幸给孩子带来的创伤实在是太大了。哪个孩子不渴望从小得到父母的疼爱？得到亲人的温暖？当他们看到别人一家团圆、和睦生活时，内心难免产生强烈的失落感和自卑感，于是他们厌学、厌世、叛逆。亲情的缺失、社会不良习气的浸染，加上小孩子本身缺少辨别是非和自我掌控的能力，很容易沦为问题儿童，长大后更会成为社会的负累。这就像是身体里的一颗毒瘤，如果不能在发病初期及时根治，以后要想恢复健康就会难上加难。作为一名普通的教育工作者，此时此刻我深感自己所肩负的那一份责任的重大，我要以师之爱，帮助小金健康地成长。

俗话说，教育事业就是爱的事业。我们从呱呱坠地到长大成人，总是在享受着父母之爱、朋友之爱、师长之爱。现在，我们也要做爱的使者，尽情创造爱、传播爱、传递爱，努力让爱的阳光洒满校园。于是，我开始耐心地帮小金分析他今早的行为。我说："老师知道你喜欢踢足球，但是这是在上课，上课就要认真听课，才能掌握好知识。上课踢球，既不能帮助你学到老师在课堂上讲的知识，又严重影响了周围同学学习。"他姑姑也在一旁规劝着："你这样做不仅影响自己还影响其他同学！"他默不作声，但已没有了课堂上的蛮横与无理。我接着说："老师不是不允许你玩球，但是要在合适的时间和地点玩。你今天玩球的时间和地点都不对。其实老师是非常支持你踢球的，咱们学校的一大特色就是足球文化，下学期组建足球队，我还指望你能带领咱们班为校争光呢！"听到这，他一下子来劲了，赶忙问道："真的吗？""当然是真的！但是你要好好表现，倘若你都不遵守纪律，老师可不放心让你带队当队长噢！""你放心！你放心！只要能当队长，我就一定好好表现！"他拍着胸脯开心地说，一副神采飞扬的样子。姑姑见状，也马上见缝插针地说："你看老师这么信任你，都让你当队长了，你上课还捣不捣乱？下午是去上学还是在家玩球？你要是喜欢玩，咱们以后就不上学了！""上学啊！我下午就去学校！"不等姑姑话音落地，他就喊上了。姑姑说："那好，你向老师承认错误，写份保证书！"他欣然应允了。

在随后的日子里，我更关注这个缺少父母之爱的孩子，尽自己的能力多帮助他，让他感受到师长的关爱、集体的温暖。小金慢慢地变了，尽管有时他还是管不住自己，但终归没再有啥出格的行为。平日里他还会主动到办公室找我，向我报告班上违纪的情况。这让我无比欣慰，我知道，爱的阳光已注给他正能量。

十年树木，百年树人。面对坡头区如此多的单亲儿童、留守儿童，作为教育者的我们必须给予他们足够的关注与温暖。当他们犯错时我们不能一味地批评和指责，那样只会把他们逼向我们的对立面，而是要耐心地帮助他们分析错误的原因，善于发现他们身上的闪光点，充分发挥我们的教育机智去细心呵护每一颗弱小的心灵，让他们在鼓励之中学会自信，在表扬之中学会感激，在接受之中学会爱。让我们的学生都能在受教时如沐春风！让爱的阳光洒满校园！

作者简介及教育理念：

肖冬，女，1978 年 1 月出生，大学本科学历，高中数学一级教师，具有多年班主任工作经验，现任教于坡头区第一中学。所带班级屡次获得校“先进班”“双优班”等荣誉称号。被评为学校优秀班主任、坡头区优秀支教教师。从教以来积极参加各种教育教学培训，能理论联系实际，及时进行教育教学反思，撰写多篇教育教学论文，并获国家、省、市级奖励，有三篇论文在省级以上刊物发表。

教育理念：以人为本，立德树人，提升素养。

播撒爱的种子

■ 张江明

热爱学生是教师的天职，是热爱教育事业的具体表现，也是教好学生的前提。常言道："没有爱就没有教育。""爱"可以滋润学生的心田，使他们能自尊、自爱、自强。

立立是我遇到的比较特别的一个孩子。他性格内向、孤僻、沉默寡言，不合群，喜欢独来独往，很少参加班集体活动，成绩较差，而且经常迟到、旷课。他父亲好赌嗜酒，赌输或喝醉了回到家就发脾气，经常对他拳打脚踢。他母亲是残疾人，丧失了劳动能力。立立下课回家后，既要做家务活，又要照顾母亲，一个10岁的孩子，生活的重压使他感到无奈和无助。

五年级下学期的一天，他什么也没说就不来上课了。我去家访，他母亲流着泪说："老师，他不想读书了，要跟村里的人去打工，他也这么大了，读不读也无所谓了，家里还要靠他撑起来。"我听了，心里好像压了一块大石头。小小年纪不读书怎么行呢？我首先做他妈妈的思想工作，又找立立谈心，说一千道一万，他就是不肯回校读书。眼看还有两个月就要考试了，我又发动班里唯一和他要好的耀文和我一起做他的思想工作，终于，他肯回校了。

人回来了，怎么把他的心安下来？我带头在班里开展了"献爱心"活动，共同为解决他的生活问题出一把力，使他感受到集体的温暖。同时，我经常登门去做他父亲的思想工作，劝他不要再赌了，赌会导致家破人亡，还劝他不要酗酒，要顾及家人的生活，照顾好孩子。我经常买礼物去看望他的妈妈，主动给立立买些学习用具和生活用品，找他谈心，谈人生理想，谈英雄、伟人的故事，鼓励他勇敢克服困难，还经常帮他复习功课，并鼓励他多参加班队活动，增进同学间的感情。在我和同学们的关怀下，立立终于安下心来读书，人也变得开朗起来了，学习主动积极，语文成绩提高很快。

浇树浇根，育人育心。教育艺术就是爱的艺术，爱是沟通师生心灵的桥梁。教师心怀学生，给他们更多的关心、耐心，多一份责任，做一个点亮心灵明灯的有心人，就一定会取得好的效果。同时，任何情感的付出与回报都是呈正比的，在师生间也一样。当我们把爱奉献给学生们的时候，我们也会收获学生们的爱。

记得有一天下午放学了，我正准备收拾书本回办公室，忽然班长走到我面前说：“江明老师，今天放学时听到您跟我们说再见，您知道我心里有多高兴吗？”我一下子怔住了。真没想到，这么一句不经意的打招呼，竟然对学生产生如此良好的影响。想想以前，学生每天例行公事般地跟我说“老师再见”，而我根本不在意，有时还懒得去回应。现在回想起来，我对学生这份珍贵的情感，是多么不珍重啊！于是，我在对班长表示谢意的同时，也向他承诺，以后天天要给同学们一份真诚的回应。

第二天放学时，在同学们有气无力地说一声“老师再见”之后，我立即饱含深情地对同学们道了一声“同学们再见”。许多同学都用惊奇的目光看着我，而后又异口同声地大声说道：“老师再见！”我发现，那一刻同学们的脸上都荡漾着幸福的涟漪，一张张红扑扑的笑脸在阳光的照耀下，仿佛一朵朵盛开的鲜花。

回到家里，我还久久地沉浸在甜蜜之中。我对自己说，这就是爱的回报。这时，我又想起以前刻意营造的那种师生上下级关系，想起在老师面前畏畏缩缩的学生，想起老师不在时学生那种自由自在的神情，一个念头在我心中产生了。

从那以后，我每天总会用微笑面对每一个学生。课上从不吝啬赞美之词，及时给学生以鼓励；放学后，即便是自己工作再忙，也要放下手中的活儿与学生道别。我觉得我在学生面前不仅仅是老师，更是他们的朋友。

时间长了，我发现自己与学生之间的关系是那样的平等和谐。更让我惊奇的是，学生与学生之间也是那样有礼貌、谦让，每一个学生都拥有一种积极向上的心态，他们对老师更是充满融融的爱意。

冰心老人曾经说过一句话：“爱是教育的基础，是老师教育的源泉，有爱便有了一切。”的确，老师付出的不仅仅是心血，更多的是爱。没有爱就没有教育，没有爱就没有教育事业的成就。爱是阳光，可以把坚冰融化；爱是春雨，能让枯萎的小草发芽。人们常说教师的事业是绿叶的事业，也是爱的事业。只要有爱，人与人之间将会达到和谐圆满，师生之间将会达到互敬互爱。

在校园这块净土上，我们要不断地撒播爱的种子，更重要的是，要让爱的种子在这里发芽……

作者简介及教育理念：

张江明，女，1978年12月出生，本科学历，小学语文一级教师，现任教于麻斜街道中心小学。爱岗敬业，勤恳工作，从不懈怠，追求卓越，不断学习，把新的教学理念带入课堂，师生关系和谐，教育教学效果好。被评为坡头区优秀教师，获坡头区小学语文教师专业素养大赛一等奖。

教育理念：热爱学生，和学生交朋友，和学生一起学习，共同成长。

用爱托起明天的太阳

■ 张丽娟

2002年9月，我从麻斜炮台小学调到麻斜中学任教，开始了初中教育教学生涯。这里留下了我的足迹，也留下了我的教育故事。

从到麻斜中学工作的第一年起，我就担任班主任工作，我决心以爱来感化学生。

2006年，学校安排我担任九（1）班的班主任。

记得刚带这个班时，有一些男学生告诉我，小张是个手机迷，每天手机不离手。有一天，我刚上完语文课，忽然接到一名男子的电话，他急切地告诉我，他是小张的父亲。因为小张昨晚玩手机玩到三更半夜也不肯睡觉，他一时火起，把小张狠狠揍了一顿。早上小张仍十分生气，不肯吃早餐就上学了，他怕孩子想不开，让我好好劝劝他。我明白这位家长的无奈，决定放学后好好地和小张谈谈。我把小张叫到办公室，搬来一张椅子让他坐下，耐心地对他说了很多。我说，你的任务主要是学习，要想成绩好，就要专心致志地学习。沉迷手机必然会影响学习。手机只是我们的一种联络工具，我们应懂得控制使用手机的时间。家长限制你玩手机，是为了你好。我告诉他，你已是一名初三的学生了，更要把主要的时间和精力放在学习上，争取明年中考获得好成绩。经过我一番苦口婆心的劝说，最后他决定听我的话，不再玩手机，把学习放在第一位。此后，我在平时的班级管理中格外关注他，经常找他谈心，像对亲人一样对待他，鼓励他，学习上给予他帮助。师爱的力量，终于使他脱离了手机的控制，把心思放到学习中去。

期中考试各科成绩出来了，小张总成绩排名由全班后十名上升到了前十名。我高兴地在班上表扬他，并把好消息告诉他的父亲。从那以后，他学习更刻苦勤奋了，他父亲曾多次打电话来感激我，说是我救了他儿子。2017 年中考，小张以全年级第三名的好成绩考上了坡头区一中，他用行动向我证明了他的优秀。

任教以来，我一直把学生当成自己的朋友，尝试着用爱心管理班级，用爱感化学生，用爱心点燃他们心中的明灯，照亮他们前进的方向。

作者简介及教育理念：

张丽娟，女，1979 年 8 月出生，1999 年 7 月毕业于遂溪师范学校，2004 年 12 月取得中山大学汉语言文学专业本科毕业证书。中学语文一级教师，现任教于麻斜中学。工作 20 年来，所教班级语文科成绩每学期期末考试均排在全年级第一，所带的班级每学期均获得“双优班”称号。被评为坡头区优秀教师、坡头区优秀班主任。

教育理念：没有爱就没有教育，就无法全身心地投入教育工作中去。

春风化雨　润物无声

■ 张俊英

蓦然回首，我的教师生涯已经度过二十个春秋。工作中，我以真诚的师爱为学生的成长旅途撑起了一片充满阳光和雨露的天空；用爱和真诚打开了每个孩子的心扉，成为他们的“知心姐姐”。我深深感到：教师工作虽然平凡，但平凡中却担负着别人无法取代的崇高使命；教师工作虽然辛苦，但辛苦中却蕴含着别人无法体会的深刻幸福。

一、爱是以身作则

那一年是我参加工作的第三年，我任三个毕业班的英语老师，还兼任大队辅导员。12月份要进行花样操比赛，12个单元100多号人的鼓号队，训练下来真是累得很。六（2）班的纪律不好，我又毛遂自荐当了班主任，在领导面前拍了胸膛，要感化该班“四大天王”，把六（2）班工作做好。开学后，我逐个找学生谈话、家访……什么法子都用尽了，但效果不明显。

有一天劳动课，任务是铲除操场上的杂草，任务比较重。9月的太阳还火辣辣的，孩子们一开始还干劲十足，不一会儿就蔫了。面对这种情况，我不是在那里指手画脚，而是把帽子扣在学生的头上，顶着烈日和学生一起干。以身作则是最有效的命令。学生们看到我这么积极地干活，也不好意思偷懒了，连“四大天王”也分外卖力。“大天王”小张说：“咱们班老师真带劲儿！”我们的劳动任务终于完成了，我和孩子们的衣服都湿透了，脸也晒红了，看着别的班还在忙活着，孩子们相视而笑。这时，小张提议：让老师请他们喝汽水。我同意了，整个校园响起了孩子们兴奋的“Yeah！”的声音。劳动小结，我表扬了劳动最积极的“四大天王”，还让小张当了劳动委员，宣布此后我们班的劳动任务由他负责安排。一开始，他工作还有点儿吊儿郎当，但在我的关注下，慢慢地，他就很认真地负起了责任。"大天王"升了"官"，并且干得不错，"四大天王"也就渐渐不存在了，班级管理就慢慢上了轨道。虽然偶尔他们还会出点儿小问题，但通过感化、沟通，整个班的纪律渐渐变好了。

想不到一节劳动课的"以身作则"，竟然收到了这么好的效果，之后在工作中，凡是要求孩子们做的，我自己先做好。花样操训练次数增多了，我的喉咙哑了，每天上课，我都是捏着喉咙坚持下来的，异常吃力。我不停地咳，有时咳得胸口都疼，只好跑出教室咳，咳得眼泪长流。我抹干眼泪又接着上课。教室里静悄悄的，孩子们变得异常自觉。

时间过得好快，孩子们毕业了。毕业典礼上，我对孩子们说："是你们给了老师无畏的力量。"孩子们却递上来一张纸条："老师，我在你身上学会了坚持。"

二、爱是无私的包容

世界上最宽广的不是沙漠也不是大海，而是教师的胸怀。教师需要让每一个学生都感受到平等的爱，这种爱是广博的、无私的，它需要教师具有"一个也不能少"的胸襟。

张文，上课爱说话，小动作不断，成绩又不好。我找他谈话，他从来都不敢看着我，也不吭声，尽管我说得口干舌燥。这真给人拳头打到棉花上的感觉。有一天上课，班上有同学告诉我，张文不来上课了。我很是吃惊，便和班主任相约一起去家访。我们苦口婆心地开导他，他说，反正跟不上，不想上学了。他妈妈说："老师，他是无药可救了，读完小学就让他出去打工吧，不用强求牛上树了。"我见他在旁边红了眼眶，就用激将法，让他努力去试一试。我说，不试怎么知道自己不行？我们好说歹说把他劝回了学校。上课时他还是忍不住说话，做小动作。我没大声批评他，只是不着痕迹地提醒他，私底下还不断鼓励他："嗯，不错，有进步！""好样的，加油！"同时，我给他开小灶。他接受能力很差，一句"What's your name?"我教了足足十遍，他才磕磕巴巴地读出来，下午来后，又忘记了，只好又从头开始。有时候，他很不好意思地挠着头，看着我，我摸摸他的头，说："别急，慢慢来，你可以的。"最初，一个单元的内容要一个月才能学会。有了一点儿基础后，我慢慢教他一些学习技巧，让他和同学多接触。他开始有了信心，学习总算有了进步，第二单元的测验终于考了28分，比第一单元的9分提高了10多分。我反复给他讲测试题，直到他理解为止，每天出一些小练习给他做，虽然进步还是慢，但总比以前上课一脸茫然好多了。我继续下更多功夫帮助他，除了课后辅导，还让他和优等生结对子，做习题。毕业考，他英语考了62分。他妈妈欣慰地笑了。我亦很欣慰。

三、爱是细处的温暖

最好的教育是爱的教育，最能打动人心的是教育的温暖。

俗话说："细节决定成败。"在教学中，我多从细节入手，去关注我的学生，不仅关注学生对知识的掌握与能力的提高，还多关注学生心理的需求与发展变化。对于一些"问题"学生，我更给予关心与帮助。潺潺流水可以融化坚冰，孩子的心灵是玻璃做的，我们一定要细心呵护。我们要准确把握教育时机，以求事半功倍。

有一天，六（1）班的晓霞来找我，说："老师，大家都说玉琼疯了。"我很吃惊，玉琼是大队长、1班的班长，成绩在年级里历来都是第一，最近有所下降，我正准备找她谈谈，没想到会有学生如此评价她。我认真了解了情况，才知道她母亲年轻的时候受过打击，一直患有精神病，每年春天都会发病。玉琼最近上课爱说话，甚至上课吃东西，有时候说话也不太合情理。他们班刚换了班主任，新班主任觉得玉琼不适合当班长，已经多次批评了她，上个星期又撤了她班长的职务。这下，"玉琼疯了"几乎整个年级都知道了。

我找了班主任，说换职务的事也许对玉琼是个很大的打击，何不给她一个机会？她连续当了五年班长了，六年级的孩子心思比较细腻，比较敏感，撤了她的职务，会对她造成较大的刺激。一棵苗子万一长歪了，以后就难以矫正了。

我避开玉琼，集合六年级的学生开了个会，强调了这件事，并说每个人都有犯错的时候，玉琼这段时间放松了对自己的要求，有违反纪律的现象，应该批评，但是同学们不能将"疯了"这个词用在自己同学的身上，这会伤害自己的同学，我们要宽容地对待犯了小错误的同学，热情地帮助同学改正小缺点。我要求六年级的大队委、中队委做好每一位少先队员的工作，不允许对玉琼再说"疯了"这个词。我又找玉琼谈心，了解到她妈妈这段时间又发病了。她很担心妈妈，却又无能为力，加上班主任不喜欢她，她有点儿无助，不知道如何化解，才放松了对自己的要求，特别是听到同学们的话，她很伤心。我安慰她，开导她，鼓励她，还让和她玩得比较好的同学多和她交流。两个星期后，她终于恢复了正常，一个聪明活泼、反应敏捷的好女生又出现在大家的面前。

有一天，我的桌面上放着一小袋黄皮，下面压着一封信，是玉琼写的："老师，即将毕业，心中有无限感激，总想对您说声谢谢，却不知道该说什么。六月的黄皮特别甜，这是爸爸在摘去卖的黄皮中，一串一串挑出来的。老师，真心想让您试试这最甜的果。这酸酸甜甜中，代表我们的缘分，有挫折，有苦涩，最后剩下的是甘甜。谢谢您！"我轻轻咬一口黄皮，一股甘甜在喉咙中弥漫开来，让人久久回味。

毕业后，她给我写了许多信，感谢我对她的爱护，感谢我给她细腻的爱，帮助她走出困境。

作者简介及教育理念：

张俊英，女，1979年11月出生，中共党员，小学英语一级教师，现任教于麻斜街道中心小学。敬业爱岗，严于律己，工作积极主动，勇挑重担，兢兢业业。潜心研究教材教法，创新地培养学生的英语核心素养。被评为省、市、区优秀少先队辅导员，区优秀教师，区巾帼建功先进个人。教学设计获区二等奖、市三等奖，多篇论文获省、市、区级奖励。

教育理念：爱是教学成功的基础，创新是教育的希望。

爱无言

■ 张俊英

“老师，还记得我吗？”在渡船上，一个帅小伙子笑嘻嘻地过来和我打招呼。

我笑了，怎么不记得？从教至今，最狼狈的家访就是去他家的那次，那次家访也让我深深体会到为人师，尤其是农村教师的不易。

华旭，在班里特立独行，软硬不吃，上课随心所欲。作为班主任，我已经找他谈过很多次话了，但效果不明显。有一天，语文老师又来反映：上午的语文课简直上不下去，华旭和她对着干，把她气哭了。放学后，我决定去他家坐坐。

前一晚刚下过大雨，去他家的路一片泥泞，我小心翼翼地开着摩托车，心里祈祷千万别陷泥里。真是屋漏偏逢连夜雨，一不小心，车陷到泥里了，踩油门希望车冲出来，车却直接歪倒在泥里。我跳到路边稍干的路面，看着右侧的泥潭上面漂浮的牛屎，呆若木鸡。打电话求救，爸爸、弟弟、同事都没空。车旁边正好有棵树，我一手拉着树，一手拉着车把，硬是把200多斤的大白鲨踏板车拉了起来，实在是有点儿惨不忍睹。虽然衣服脏了，车子也脏了，但我还是坚持到他家家访。解释了狼狈的原因，我就坐下来和华旭的爸妈聊了起来，很委婉地说了华旭近段时间的表现，希望家长配合教育。他爸爸立刻抽出皮带，把他拉到院子里，要狠狠地抽他。我赶紧过去护住他。他看到我在护住他，非常不好意思地哭了。他妈妈也赶紧拉住了他爸爸。我们苦口婆心地和华旭讲道理，华旭红着眼保证以后会克制自己。

第二天，一张小纸条放在我的桌面上，写着：“老师，感谢你保护我，我会争取做好的。”从那以后，我发动班上的同学邀请他一起学习、游戏，帮他补习语、数、英，还让他当了仪仗队的小号手和小队长。一个学期下来，他不断进步，我及时地表扬他，他也给了我很大的惊喜。

十余年的从教生涯中，这个故事仅是其中一朵小小的浪花，但对于我，却是十分珍贵的记忆。我深深体会到教师的不易。大爱无疆，大道无垠。教育需要的就是一份执着、耐心和无私的奉献。

幸福缘于一个“爱”字

■ 罗卓美

幸福是一杯香醇的酒，幸福是一杯芬芳的茶。每个人都在追求着幸福，都想品尝到幸福的香醇与芬芳。

从教三十年，一路走来，在与学生相处的点点滴滴中，我深切地感到当教师是幸福的。幸福就缘于一个“爱”字，无论爱与被爱都是幸福的，都让我感到快乐。

三十年有多少点点滴滴的爱与被爱，我无法说得清。然而在头脑中搜索，许多这样的点滴便清晰起来。下面不妨说出几个片段，与大家分享。

我在麻西小学任教的时候，班上有一个叫小龙的孩子。他性格孤僻，无心上课，还时不时外出玩电脑、打游戏，成绩老是在及格边缘徘徊。通过家访，我了解到，原来他是一个缺少父母关爱的孩子。他爸爸外出打工，一年难得见上一面，妈妈患有精神病，他从小跟着奶奶长大。面对这样一个孩子，我知道批评指责是起不了什么作用的，无微不至的爱才是温暖他心灵的鸡汤。上课时，我有意无意地叫他回答问题，答对了，真诚地表扬他，回答不出来，摸摸他的头，让他好好想想；学习用品没有了，我买来送给他；他想爸爸了，我用手机拨通他爸爸的电话；学习上有问题，我耐心地辅导他……慢慢地，他变了，变得开朗懂事了，能与同学和睦相处了，上课认真了，成绩进步很大。看到小龙脸上那阳光般灿烂的笑容，满满的幸福感荡漾在我的心头！

1998 年师范毕业被分配到麻东小学任教时，我任四年级一个班的语文老师。开始，我也像当年我的语文老师那样，走进了五彩斑斓的语文课堂，带着孩子们识字、组词、读课文、猜谜语、做游戏。我帮他们建了一个图书角，把自己家里的书带来，让他们轮着看。每天让一个学生给大家读一篇或一段文字。这让孩子们寻到了乐趣，都盼着上语文课呢。有一次，一个小男生怯生生地来找我：“老师，你能教我读书不？我读不好，怕大家笑话。”原来这名学生口齿不伶俐，很怕读书。我答应教他，更是不住地鼓励他。下午放学后，我便单独教他，我读一句，他学一句，教了一篇课文，便让他回家继续练习。经过两个星期的训练，他有不小的进步，我便鼓励他上台朗读。我带头鼓掌，同学们也报以热烈的掌声，他的小脸露出了笑容。后来他不断进步，还参加了演讲比赛，获得了三等奖。一个自卑的孩子信任老师，从而找到自信，重塑了自我。对我来说，这难道不是一种幸福吗？

爱与被爱是可以转化的，老师对学生付出了爱，学生也会爱老师。爱学生是一种幸福，收获学生给予的爱也是一种幸福。

任教的第三年，也许是职业病吧，我患了慢性咽喉炎。有一次，我的咽喉炎又犯了，嗓子充血嘶哑，说话很吃力。当我艰难地吐出第一个音时，一只只小手举了起来：“老师，我们知道你喉咙不好，你不要讲了，布置点儿作业给我们吧。我们会管住自己的。”于是，我布置了作业让他们练习。中午，不知什么时候，我的桌上摆了好几盒“西瓜霜”“金嗓子”，还有几根黄澄澄的香蕉和几个红彤彤的苹果。无疑这些都是孩子们拿来的，谁说他们不懂事呢？看着眼前的一切，我流泪了。是啊，总有一种力量让我们泪流满面。收获学生的关爱，这是一笔可贵的财富啊！

我不会忘记，那天早晨，班长和学习委员神秘地蒙上了我的眼睛，不由分说地搀着我走出办公室。平时，孩子们总是和我很亲密，我笑着说：“孩子们，干啥呢？”她们只是嘻嘻地笑着。那一刻，我觉得我们像知心的姐妹，像心心相印的母女，温暖和爱充满了我的胸膛。走到教室，当我的面纱被揭开的那一瞬间，我的眼前映入了点点烛光，耳畔响起了甜美的“祝你生日快乐，祝你生日快乐……”那一刻，我的眼眶禁不住潮湿了，一股无法抗拒的暖流涌上心头，工作的苦和累都烟消云散，留在心底的只有幸福和快乐。他们用行动证明自己没有忘记关心和爱护他们的人，他们用行动让我体会到作为一名教师多么幸福！

每天和学生在一起，用爱培育学生，我幸福；享受学生给予的爱，我幸福。教师节来临，读着学生从各地寄来的贺卡，我被幸福重重地围绕着。放假了，电话中的一句“老师，我想你了”，竟让我幸福好长时间。

幸福就来自这样的点点滴滴。试想，这么一份能给予爱，又能收获爱的职业，怎能不让人感到幸福？我愿意当一名教师。

作者简介及教育理念：

罗卓美，女，1968年11月出生，中山大学汉语言文学专科毕业，小学语文一级教师，现任南调街中心小学副校长。是湛江市名教师培养对象、市小学语文骨干教师。所写的多篇论文获奖并在报刊上发表。

教育理念：公平公正，以身作则，善解人意，提高自己。

用爱心点燃火种　用耐心引领前行

■ 庞永臻

苏霍姆林斯基说："教师的每一次尊重与宽容，都会使学生终生难忘，都会促使他去思考，在思考中做人，在思考中做事。""真正的教育智慧在于教师从来不伤害学生的自尊心，而是经常激发他要做一个好学生的愿望。"

有一年，我接手五年级一个班。一天早上，已上课了，教室门轻轻被推开，半个脑袋怯生生地探进来，"哈哈！"教室里顿时一片哄笑。小松又迟到了。这是一个比较特别的孩子，他不但不能像正常人那样行走，而且注视时，一只眼睛的白眼仁便翻出来。在同学们的眼里，他似乎成了"另类"。一些孩子还经常取笑他，因此，他更显得内向，沉默寡言。我看在眼里，急在心头，一直关注着他，想尽力找回这个"失群"的孩子。小松红着脸站在门口，我向他招招手，轻声说道："快回到座位上吧！"趁小松整理书包的间隙，我大声问："还有哪些小朋友也迟到过？"片刻，一些小手举起来了。我又问："迟到时是什么心情？"同学们都说"害怕""害羞"……我郑重地说："既然大家都有这样的感受，那你们还嘲笑他，他不更难过吗？"教室里鸦雀无声。我立即启发大家："你们应该怎么做？"小男孩林宇豪马上站起来，很真诚地说："小松，对不起，我不该嘲笑你……"其他小朋友也都纷纷向小松道歉，并表示要和他交朋友，小松脸又红了，不过这次他是高兴，还有点儿不好意思。

星期天我去家访，才知道小松家很贫困。小松是个早产儿，多病并落下了残疾。他妈妈生下弟弟后就离家出走了，他爸爸在外打工，奶奶忙着照看小弟弟，小松在家里什么都得做。小小年纪就过早地承受生活的重担。他瘦弱的肩膀能担得起吗？我决定让班集体的温暖来慰藉这颗受伤的心。我发动学生献爱心，为小松捐钱捐物，利用节假日去帮小松做家务。我还安排几个成绩优秀的同学与他组成学习小组，帮助他补习功课。我经常在班里称赞小松是一个勤劳的孩子，是一个孝顺的孩子，我们要向他学习。小伙伴和他越来越亲近了，小松脸上的笑容也越来越多了。

期末考试，小松获得了良好的成绩，他满脸泪水，拿着试卷激动地对我说："老师，我也要做个好学生！"我拭去他脸上的泪水，摸着他的头，笑着说："乖孩子，你已经是个好学生了！老师相信你，继续努力吧！"

有人说："孩子的自尊心如同早晨树叶上的露珠，轻轻一抖，就会滑落。"在教育的过程中，教师必须注意自己的言语行为，因为有时一个不恰当的行为，甚至一句不十分恰当的话都会给学生带来极大的伤害，甚至影响他们的一生。

我的学生中，有这么一个孩子，他学习懒惰，作业经常完不成，书写潦草，错字连篇。为此，我经常和他家长沟通。家长第一句话准是"老师，我真拿这孩子没法了，砍不死，煮不烂"。面对这样的学生，我也曾觉得他真是"不可雕的朽木"，想放弃他。直到语文课上一次偶然的问卷调查，我的心受到了很大的震撼，我才真正触摸到孩子的心灵。问卷中，这个同学认为自己学习不好，在班里没有朋友，这让他很伤心，很自卑，他就放弃了自己。我决定对症下药，让他交上朋友，以改变他自卑的心理。于是，我拿出一张纸，自己先写上了一段鼓励的话送给这个孩子，然后让全班同学依次写上鼓励的话，不许摘抄，必须是自己内心最想对他说的鼓励话。写完后，我让这名同学把这张纸贴在桌角，每天来了第一件事就是把这张纸读一遍。"兄弟，加油！让我们共同努力。""小伙伴，再勤快一些会更棒！"……读着这一句句朋友发自内心的话语，我发现这名同学在一天天地改变。作业不用我再督促也能按时交，就连原来从来不做的英语作业，也能按时完成了。最令我惊喜的是，在一次清理课桌贴画时，他带来了小铲，下课后主动留下来清理贴画。由于一些贴画不太好清理，第二天他又把他们家的吹风机带来了，最后把这些恼人的东西清理得干干净净。我在班上公开表扬了他，他的脸上露出了笑容，性格也比原来开朗了许多，和同学们的关系也逐渐好起来，学习也进步了。

看着这个孩子进步了，我的心比喝了蜜糖还甜。是啊，只要我们对学生多一些关心，多一些耐心，他们就能克服自己的缺点，扬起自信的风帆，奋力前行。

作者简介及教育理念：

庞永臻，女，1973年7月出生，1992年参加工作，大专学历，小学语文一级教师，现任教于龙头镇中心小学。工作兢兢业业，在与学生的相互理解和互相尊重中，享受到自我生命的价值和精神的愉悦，以学生的乐为乐，以学生的苦为苦。

教育理念：用情操感染学生，用爱滋润学生，用人格塑造学生。

爱的力量

■ 庞秋燕

爱因斯坦说过，只有爱才是最好的教师，它远远超过责任感。是的，没有对学生的爱，又怎能做好教师工作，没有爱的教育又怎能是成功的教育呢？我从教20年，就当了20年班主任。20年的班主任工作使我清楚地知道教育是一门爱的艺术。这种爱虽然不同于父母、家人、朋友的爱，但我觉得这种爱与其他类型的爱有一个共同的特点：无私。只有这种无私的爱，才能使我们的教育产生无穷的力量，同时，也能使我们的生命变得更加充实。

2015年秋季，我担任一（1）班的班主任。开学的第一天，一位老奶奶带着一个小男孩找到我，说："庞老师，让我家炳锐在你班吧，他胆子比较小，已经有一年没来上学了，好不容易才哄着他来上学。"我打量了一下这个小男孩，只见他双手紧紧地拽着奶奶的衣角，一双大眼睛期待地看着我。我微笑着对他说："好吧，以后你就跟着庞老师学习哦！"对于这位同学，我还是有点儿了解的。以前他曾经读过一年级，但不知道是什么原因，来到学校后总闷闷不乐，爱哭，再后来就不肯来上学了。父母也没办法，只好让他休学回家了。同事说："这小孩心理有问题，都是父母宠的，你可要小心噢。"但我不怕，因为我坚信：教师的爱是滴滴甘露，即使是枯萎的心灵也能唤醒；教师的爱是融融春风，即使是冰冻了的感情也会消融。从上第一节课开始，我就格外地关注他，用心地观察他的一举一动，细心地呵护他幼小的心灵。每当我表扬他时，他总是笑得那么灿烂，那么自信。对于他的点滴进步，我都会及时表扬与鼓励，每次都会奖励一朵小红花给他，并把花贴在他额头上，并且附上一句鼓励的话语，如"你是个聪明的孩子"。从此，他变得活跃起来了，课间，不仅和同学们有说有笑，而且还大胆地跑到办公室帮我拿课本。通过一周时间的观察，我决定把炳锐同学选为班长，在班里树立起学习的榜样。从此，他的自信心更强了，学习更努力了，工作也更起劲了。在爱的鼓励下，那个忧郁的、内向的、胆小的小男孩变得阳光、开朗、勇敢。期末考试，他成绩名列前茅，成了一名品学兼优的好学生，同时，也是我得力的小助手。

班主任工作中最令人头疼的当然是那些思想表现和学习都有点儿问题的学困生，想要转化他们，需要老师付出更多的时间、精力和关爱。

我班有一个名叫彬彬的孩子，开始，我对他真是好生气，一想到他我就头疼，因为他实在太顽皮了。每天上课如果迟到，他就不肯进教室，任凭我怎么哄、怎么说都不行。他心情不好的时候作业也不写，喜欢在课堂上做各种怪动作，乱喊乱叫，扰乱课堂秩序。我心平气和地教育他，他就朝我做鬼脸，满不在乎的样子。我批评他，他就在教室里打滚，在桌底下爬来爬去，搞得我无法正常上课。一节课下来，我已经筋疲力尽了。我常常在思考，面对这样一个软硬不吃的学生，我该如何去教育呢？我决定到他家里家访。下课后，我和彬彬同学一起去到他家里。这是一座破旧的泥砖瓦房，彬彬爸妈都外出打工了，家里只有爷爷负责看管他。彬彬的爷爷看见我，马上就说：“庞老师，彬彬又不听话了？您要好好管教他呀！彬彬自小就跟着我长大，他爸妈外出打工从不管他，我年纪大了也管不了他，就辛苦老师您了。”我明白了，在这样的家庭里生活，孩子缺乏的就是爱。“一把钥匙开一把锁”，我想，我必须用爱的力量去感化他，我要用我的行动告诉他，我关心他，爱他。

以后，每当他要性子捣乱时，我不生气了，总是耐心地对他进行教育。我常常与他促膝谈心，有时也会开车送他回家。渐渐地，他变得有礼貌了，不管在哪里见到我，都会跑过来向我问好。小彬彬正在往好的方向转变。有一件事使他发生了很大的变化。有一次课间，我刚回到办公室，班长就跑来告诉我，彬彬为了拿回树上的鞋子，拿石头扔向紫荆花，结果砸到自己的头，血流不止。我急忙跑出去，只见他手捂着头哇哇大哭，我急忙取药帮他做了简单的处理，但血仍止不住。我赶紧打电话联系他爷爷，爷爷说在外面地里干活，赶不及回来。我马上骑着摩托车把他送到卫生院，医生说伤口太深了，要缝针。这时，他一个劲儿地摇头，不肯缝针，我握住他的手哄着他，安慰他，说：“不疼的，不要怕，老师会一直陪着你。”缝针过后，我把他脸上、手上的血迹清理干净，并语重心长地对他说：“你以后要听话，不要那么贪玩，要好好爱惜身体，不要让爷爷和老师担心，知道吗？”他低着头说：“我知道了，谢谢老师！”自从这次事件以后，课堂上他尊师守纪，上课也不再迟到了，而且大声读书，积极举手回答问题。不过，他还是不肯做作业。我没有批评他，只是每次抓住他的“闪光点”在全班同学面前表扬他，然后私下里也会对他说：“在老师心中，你非常聪明，你的字也写得很漂亮，只要你集中注意力，你会做得又快又好，而且还能在展示台上展示你的作业呢！相信我。”他很诧异地看着我，说：“老师，我一定会完成作业的。”自此，他就开始交作业了。每当他完成作业，我就会奖励他一朵小红花。彬彬看着荣誉榜上的红花越来越多，学习的劲头更足了，表现更好了。

日复一日，我用我的真心、爱心默默地鼓舞着每一位学生，让他们在爱的拥抱下健康成长。

作者简介及教育理念：

庞秋燕，女，1977年4月出生，本科学历，小学语文一级教师，现任教于官渡镇东岸小学。被评为坡头区优秀辅导员、坡头区优秀班主任、官渡镇优秀教师，获坡头区中小学班主任专业能力大赛小学组三等奖。

教育理念：以学生为中心，倾情注爱，用爱心播种，用智慧耕耘，用赏识促进成功，让每个学生在自信中快乐成长。

用心呵护　静待花开

■ 郑志兰

我国著名教育家陶行知先生说过：“爱是一种伟大的力量，没有爱就没有教育。”教育最有效的手段就是“爱的教育”。关心和爱护每位学生是教育工作者的天职。

岁月匆匆，不经意间，我从事教育工作已有二十二个年头了，回忆过去教育中的点点滴滴，有辛酸，有喜悦，有成功，有失败。我曾笑过，哭过，也曾感动过。伴随着孩子们成长，我也逐渐成熟起来，感到无比快乐和满足。孩子们的成长让我有了成就感和幸福感，也让我真正明白了教师的内涵和责任，明白了：爱就是教育，教育就是爱。

我初到现在的学校工作，在我任教的班级中，有个学生叫小美。她个子瘦小，脸色苍白，平时衣着宽松、邋遢，留着蓬乱的齐耳短发，上课总是一言不发，经常在早读课趴在桌子上睡觉，下课也不和同学们一起玩耍，学习成绩极不理想。开学的第一天，“与众不同”的她，就引起了我的注意。经过多方了解，我才知道她母亲患有智力障碍，父亲年迈多病，家中四兄妹，其中两兄妹的智力也存在缺陷，经常走失，一家七口全靠年过七旬的外婆捡破烂和领取低保过日子，生活极度困难。她平时除了要帮助外婆洗衣、做饭外，还常常和外婆在大半夜里寻找那两个走失的兄妹，所以经常睡眠不足，更没有太多的时间学习。而且她经常不洗澡、洗头，又脏又臭，同学们都嫌弃她，没有同学愿意和她同桌，更没有同学愿意主动接近她。这导致她极度自卑，总是独来独往。了解她的遭遇后，我非常震惊和心疼，真不敢相信，她的生活如此艰辛，小小年纪，如此坚强独立，简直就是现实版的“丑小鸭”。我暗下决心要帮助这个可怜的孩子，让她涅槃重生，变成美丽的“白天鹅”。

我平时特别留意她的一举一动，一段时间后，我惊奇地发现她每天都主动整理班上的图书角。于是我就抓住这个闪光点，经常在班上表扬她。刚开始表扬时，我发现她先是愣了一下，然后呆呆地望着我，一副不敢相信的表情。听到同学们热烈的掌声后，她低下了头，不好意思地笑了。那是我第一次看到她笑，笑得那么甜。随着表扬次数的增多，她脸上的笑容也渐渐多了。接下来，我经常和她“套近乎”，请她帮忙把作业、教具等拿到办公室，请她帮忙整理卫生角等。作为回报，我送了一把小梳子、一面镜子和一些文具给她，并告诉她，平时要注意个人卫生，勤洗澡、洗头，穿戴要整洁，老师希望见到漂漂亮亮的她。我还多次家访，与她外婆沟通，让外婆保证她有充足的睡眠时间。我暗地里嘱咐同学们玩耍时邀请她，还经常在课堂上提问让她回答，并表扬她。在一次班级的亲子活动中，我当起了她的“妈妈”，陪她参加了拔河、跳绳、二人三足等活动，为她赢得了丰厚的奖品。她高兴地拉着我的手又唱又跳，和平时的她判若两人。

渐渐地，“丑小鸭”变了，衣着整洁了，头发也不乱了，也没有在课堂上打瞌睡了，还主动举手回答问题，同学们也愿意和她一起玩耍了。她性格越来越开朗，每次见到我总是甜甜地问好。课间她总是主动亲近我，帮我收拾教学用具，整理作业本。此外，我还经常利用课余时间，辅导她做功课，还把班上图书角的图书借给她回家阅读。一番“良苦用心”下，她的作文水平明显提高了，学习成绩突飞猛进，期中考试，她语文取得了88分的好成绩。我欣慰不已，体会到作为老师的成就感和幸福感。至今我还记得她拿着成绩单时，那灿烂的笑脸上露出两个浅浅的酒窝。

二十多年的教学生涯，这样平凡的育人故事不胜枚举。虽然我一路上洒下了艰辛的汗水，但同时也收获了鲜花、掌声和孩子们的欢声笑语。这些故事是我人生中的宝贵经历，给我留下了美好的回忆，也更加坚定了我前行的脚步。

作者简介及教育理念：

郑志兰，女，1977年4月出生，大学本科学历，小学语文一级教师，现任教于坡头区第一小学。从教22年来一直担任班主任，爱岗敬业，谦虚好学，工作认真负责，教育教学基本功扎实。在工作中注重对教学方法的探索，对教育方式的研究。所带班级班风正，学风浓，多次被评为优秀班集体。其个人被评为坡头区优秀教师、优秀班主任。

教育理念：爱就是教育，教育就是爱。

教着，感受着；走着，快乐着

■ 柯丽燕

老师，老师

“老师，有人在厕所哭”“老师，我的小天才手表不见了”“老师，我的肚子疼”……

以前就听过段子，老师除了是老师，还有多重身份——保姆、警察、医生……当时我听了只是笑笑。然而，多年的小学教育工作的历程，让我对此有了深刻的感受。

周三大课间，走路不方便的小佩提前去上厕所。不久，有学生来向我报告：“老师，有人在厕所里哭。”我心里一紧，赶紧去查看，发现小佩拉便便在裤子里了，可怜的孩子在哇哇大哭。由不得多想，我边安慰她，边让学生去拿纸巾。其他围观的孩子也很配合，飞快地拿来纸巾。本来以为擦屁股只属于幼儿园老师才做的事，我却遇上了。遇到无助的学生，我就把他们当成自己的孩子，安慰，处理，来不及也不想去抱怨什么了。

小学老师，是那样普通，那样平凡，每天干了多少婆婆妈妈的事情啊。但是，在这些婆婆妈妈的事情中，却体现出一种伟大的精神。

老师，我喜欢你

我始终对这个班的孩子有亏欠感，因为调动手续还未办妥，得来回奔波，近一个月来偶尔有一个下午见不到孩子们。之前我的消失学生并未察觉，也许察觉了也不觉得怎么样。但人是有感情的动物，随着时间的推移，感情便会慢慢地建立起来。

至少在这周里，“消失”了半天后，班里的几个孩子就围着我转，活泼的“小金鱼”直接问：“老师你去哪里了？我很想你！”“小金鱼”不是一个特别优秀的孩子，但她绝对是一个讨人喜欢的孩子，当然这与她的个性有关。她活泼热情，大胆又毫无顾忌，会直接地抱怨老师为什么没叫她回答问题，也会在老师跟随大家一起跳课间操的时候主动大声地说“老师，我要和你跳”，在老师跳不好时会直接哈哈大笑。这样直率的孩子，虽然回答问题不是那么自信，但对人真诚，常当老师教不会读书的孩子读书，也会紧紧牵着走路不方便的小佩的手，又爱跟在老师屁股后面问：“老师，你要去哪里？”

我喜欢她，她感觉到了，所以她也喜欢我，就这么简单。而我要做的是，要获得更多孩子的喜欢，想听到更多的孩子说：“老师，我喜欢你！我想死你了！”

孩子们的世界，我们是否都能懂？

这周的主题班会，除了让他们理解重阳节的风俗意义，更多的是让他们懂得感恩。我没想到，当我读到“当父母老去”等语句时，课堂上居然静悄悄的，同学们都很认真地听，仿佛这些话已经拨动他们的心弦。那瞬间，我感觉这些小不点儿已经懂事，不再是那群上蹿下跳满山跑的小猴子，而是一群小大人。

主题班会后，我进行了一周一次的表彰大会。其实奖品很简单，就是一朵粘贴在评比栏上的小红花，还有一张小小的表扬信。我们大人很不屑的东西，没想到孩子如此渴望。因为我事先只准备奖励小组评比里获得冠军的小组，还有乐于助人的、为班做贡献的个别突出人物。但在表扬的尾声，我才发现一双双渴望的眼神，那一刻，我后悔奖品准备得太少了。坐在第一桌的雨嘉，这周在课堂上表现良好，进步很大，我口头表扬了几次，但这次没有给她准备奖品。我发现她紧紧地盯着我，眼神中既有殷切的渴望，又有得不到的委屈，她的一双充盈着泪花的眼睛忽闪忽闪的，我想，再迟一秒不表扬她，她的眼泪马上就掉下来。幸好，我及时发现，及时补救，当着全班同学的面大声表扬了她，奖励给她一朵小红花，她的小脸突然就变成了灿烂的花朵。

对啊，大人总是自以为是，知道孩子需要表扬，但没想过，孩子如此需要有仪式感的表扬——公开、大声、及时、具体的表扬。我们真正懂了他们的世界吗？愿我们都愿去弄懂，才能以对的方式爱他们。

作者简介及教育理念：

柯丽燕，女，1987年12月出生，中共党员，中小学语文二级教师，现任教于湛江市实验小学，是湛江市宋广玲名师工作室学员。敬业爱岗，立志做一个热爱学生且让学生热爱的老师。

教育理念：懂得欣赏，石头也会放光彩；不会赏识，金子也会被埋没。

教室门口的大榕树

■ 黄本球

透过办公室的玻璃窗，我看到了教室门口的那棵大榕树。刚到坡小时，我最喜欢坐在大榕树下乘凉。看着它，我就想起了支教期间的点点滴滴……

开学第一天

那是一个阳光明媚的早晨，我站在树影斑驳的走廊，透过教室明亮的玻璃窗，看着即将成为我学生的那群孩子。班主任一定在介绍我，因为学生们都扭过头来看我，一张张黝黑的脸以及脸上怯生生的表情，让我心里涌起一种从未有过的感觉，怪怪的。直到走进教室和学生们打招呼，感受到了与孩子年龄不符的气氛，我才知道我心里怎么会无端地有那种感觉。孩子们与我在大榕树下擦肩而过，只是腼腆地朝我笑，很少和我打招呼。我心里很难受，虽然我很清楚他们不是故意这样的。这种陌生感，不只是孩子们有，我也有。

第二个月

可爱的孩子们已经很习惯和我打招呼了，“黄老师好！”“数学老师好！”这样叫个不停。因为经常在大榕树下和他们一起玩游戏，树叶下拢着我们开心的笑声。

可是今天我和站在树底下的孩子们不是在玩游戏，而是在谈心。早上上课的时候，对一个问题我已经讲了两三遍，可当我的话语结束时，大多数孩子的脸上还是没有表情，我的心里就有些着急，说话的语气中带着烦躁："我讲的话你们听明白了吗？给我一个表情，哪怕是皱皱眉、点点头、摇摇头也可以呀。"话音刚落，有不少的孩子不约而同地笑着点头，我也笑了。就这件事情，大榕树下我听到了孩子们的心声——他们害怕"错误"，所以不敢轻易作答。其实，孩子们是可爱和真诚的，只要你愿意和他们交流，去感受他们，你会感受到与高中生不一样的纯洁与天真。

随着交往的加深，孩子们的心和我的心贴得更近了，我越发感受到孩子们对老师的信赖，以及言谈举止中所流露出的那一份真情。小嘉拿着单元测验卷找到了我，说："黄老师，我上课感觉自己都听懂了，怎么考试才七十多分，有什么办法能把成绩提上来吗？"我用鼓励的眼神看着她说："可以呀，你遇到问题能主动问我或者同学，下次考试你的成绩一定可以提高的。"果然，在以后的学习中，小嘉经常不懂就问，她的成绩很快就提高到全班前列，我们班的成绩也慢慢提高了。

期中测试后

昨天，我左手捧着一大堆的教学用书，右手提着小黑板，有点儿狼狈地在大榕树下碰到了我的孩子们，他们只是微笑着叫声"黄老师好"，一点儿帮我的意思也没有。我有点儿郁闷，向他们发牢骚："哼，一点儿尊师的心都没有，也不帮老师一下。"小鬼们吐了吐舌头，很不好意思。

今天课代表没有来拿改好的作业本，我只好像个杂货郎一样提着一些，抱着一些，比昨天的狼狈样有过之而无不及。我远远地看见了男孩子们在大榕树下聊天，不知道他们有没有看见我。我正要叫他们过来帮个忙，那几个小男孩就一窝蜂地跑过来，把我手上的东西抢了过去。"谢谢！"我心里暖洋洋的。"我们还是很有男人风度的。"调皮蛋栩龙说。"是男士风度！"其他人异口同声地更正。我拥着他们走向教室，看着前面的大榕树，我感受到深秋的清凉。

元旦会演那天

学生文艺会演结束后，我坐在大榕树下，看着孩子们一张张天真烂漫的笑脸，心里有种说不出的满足感。过了一会儿，那帮家伙回来了，把我堵在树下，硬是往我手里塞小礼物。“这是我们的奖品，送给你一份。”他们热情地说。我感觉心里甜甜的。我抬头看了看，在阳光照射下，校园里的大榕树显得格外茂盛。是呀，坡小的“榕树”正在茁壮成长。

即将迎来新年，我看着窗前的大榕树，心中充满了期待。明年春暖花开时，又是一棵棵榕树茁壮成长的好时节，我会好好珍惜支教这一年，陪着你们茁壮成长，翠绿苍天……

作者简介及教育理念：

黄本球，男，1988 年 11 月出生，本科学历，中学二级教师，现任教于爱周中学。具有多年班主任工作经验，所带班级班风、学风优良，多次被评为双优班。一直致力于“悦心型”班级氛围的创建，用“悦心法”激发学生和班级的积极能动性，走进学生心灵，促进学生全面发展。

教育理念：做学生的心理同龄人，悦心激励，快乐成长。

以爱育人

■ 董来凤

爱是老师亲近学生、学生尊敬老师的基础。只有真心热爱学生，让学生真正感受到来自老师的温暖和呵护，教育才具有它真正的价值。

2009年，我教四（5）班，班里有一个男孩叫李某生，他性格内向，不善言辞，对学习不感兴趣，行为习惯也很不好，站没站姿，坐没坐相，身体总是呈曲线形，组织纪律性也很差，三天两头违纪，同学们都不太爱跟他玩。他的家长说，对孩子的教育他们已经失去了信心。有的老师说，对他几乎不抱任何希望。他也非常自卑。不过，他有一个特长和爱好，喜欢打篮球，对打球几乎达到了痴迷的程度。球场上，他步法灵活，姿势优美，投篮精准，真的有几分明星的架子，但没有多少人为他喝彩，也许因为他的沉默，也许因为他的成绩。我还发现一个非常有趣的现象，比如：我布置作文"我的梦想""我的爱好""难忘的一件事""开心的一件事""我第一次学会了"……他写的全都是篮球，写他的篮球经历，写他的篮球梦想，写篮球的名人逸事。更令人惊奇的是，只要与篮球有关，他写文章总是思如泉涌，而且文章词句通顺，感情真挚。发现他这个亮点后，我在他写的文章中挑了一篇写得最好的在班上宣读。一开始他不知道我读的是他的文章，坐的姿势歪歪扭扭的。我一边读，一边留心地观察他，读了一会儿，他发现我读的是他的文章，一下子坐端正了，眼睛亮了起来。读完后，我问："同学们，你知道这篇文章是谁写的吗？"大家猜的都是成绩好的同学。后来我告诉同学们，这篇文章是李某生写的。同学们都投来了诧异的目光。这时候，我发现李某生坐得更端正了。他的文章被我宣读后，那几天他上课坐得挺端正。我还抓住他爱打篮球这个闪光点，选他当了班里的体育委员。活动课上，我叫他教同学们打篮球。他教人打球的积极性可高了，还在班里组织了一支篮球队。渐渐地，同学们把他当明星一样对待。他的话也开始多了，见了我和同学，他还会主动地打招呼。见到他上进了，我挺开心的。经过我不断鼓励和表扬，慢慢地，他的成绩和行为都好了起来。

记得他读六年级的一天，我家门铃响了。我开门一看，让我惊奇的是，李某生居然来找我。他很有礼貌地对我说："老师好！"我问他有什么事，他拿出了一个袋子，说："这是蛋糕，给您的。"声音不是很响亮，看得出他生怕我不要他的蛋糕。原来，他家人为他弟弟买了生日蛋糕，他切了一大块送给我。看着他手里的蛋糕，我有点儿热泪盈眶的感觉。我接过他的蛋糕，也礼貌地回了一声："谢谢你！"不善言辞的他见我接过蛋糕，没等我多问一句话，就开心地跑了。

直到现在，他还不忘联系我这位老师，虽然很少打电话给我，但是每逢节日，他都会发来祝福的信息。他曾和我说过，感谢我四年级读他的作文，还选他当体育委员，让他找回了自信，要不不会有今天的他。

爱学生是教师这个职业的天职，是师德高尚的体现，也是教育获得成功、学生健康成长的基础。

作者简介及教育理念：

董来凤，女，1976年6月出生，本科学历，小学语文高级教师，现任教于坡头镇中心小学。先后被评为坡头镇优秀班主任、坡头区优秀教师、湛江市优秀指导老师。指导的学生曾获得省、市的奖项。所教班级班风严谨，学风优良，每年都被评为校"双优班"。教学效果显著，受到学生和家长的爱戴。

教育理念：教师的责任不在于教，而在于教会学生学。

用爱为孩子撑起一片蓝天

■ 廖　冰

“我要用爱为每个孩子撑起一片蓝天，让他们自由自在地成长。”这是我谨记于心的一句话。

从教十四年来，在五彩缤纷、酸甜苦辣的人生道路上，作为一名普普通通的班主任，我全身心地关爱学生，为他们撑起一片蓝天，让他们健康成长。

教师对学生的爱源于母爱，又胜于母爱，它是放射着人性光芒的理性之爱。老师对学生的这种理性的爱，能唤醒学生身上一切美好的东西，激发他们勇敢前进。

我班有个女孩叫丽丽。她学习很好，可就是不敢在同学面前发言，只要站起来就紧张，一个字也说不出来。同学们都替她着急。她也成了班上有名的“胆小生”。为了锻炼她的胆量，上课时我经常叫她回答问题。怕她遇到难题就紧张得不敢说话，每次我都选些很容易的问题让她回答。她答对了，我就大力表扬她。课后，我经常找她谈心，鼓励她，帮助她慢慢树立起自信心。丽丽终于开朗自信起来，“胆小”的帽子飞到太平洋去了。

我班学生富富，爸爸靠开船维持一家人的生活，兄弟姐妹五个，妈妈和两个哥哥都存在智力障碍，生活不能自理，家庭生活很困难。别人的冷嘲热讽，家庭的贫困，让富富抬不起头来，失去了同龄孩子的欢声笑语。

他总是不完成作业，学习跟不上。作为富富的班主任，我看在眼里，疼在心上。我无微不至地关心他：放学了，我让他到我家做作业，手把手地教他；晚了，我就留他在我家吃饭。望着他狼吞虎咽地吃着可口的饭菜的样子，我眼里噙着泪水，多可怜的孩子啊！我下决心，用爱尽力为孩子撑起一片充满阳光的天空。

四年来，我给他买早餐，给他买鞋子，给他买衣服，给他买作业本。他被几个坏孩子带到霞山去偷人家的东西被抓住，也是我领他回来的，我苦口婆心地教育他。

有时候，他心情不好，东躲西藏，害得我到处找他。一个冬天的早上，富富又不见了。我打电话给他爸爸，他爸爸只是淡淡地说："老师，没事，不用多久他就会出现。"这可急坏了我，我带着几个学生到处找，把富富可能去的地方找了个遍。大冬天，我又急又累，满头大汗，棉衣都湿透了，附近村民见到后也加入了寻找的队伍。最后，在一个农户废弃的屋里找到了他。这时，我是一身汗，他是满眼泪，他感受到了老师对他的真心关爱。

渐渐地，久违的笑容回到了富富的脸上。他作业本上的字越写越工整，作业本上的红钩越来越多，期末考试每科成绩均达到了八十分以上，他获得了学习进步奖。

爱是让人成长和安心的力量，我用自己的爱为每一位孩子撑起一片蓝天，让孩子在成长的路上感到温暖，凝聚成成长的勇气和力量。

作者简介及教育理念：

廖冰，本科学历，1987年参加工作，小学数学一级教师，一直担任班主任，现任教于麻斜街道中心小学。工作热情，认真负责，任劳任怨，关心爱护每一位学生，所带班级成绩优秀，教育教学效果好。曾被评为麻斜街优秀班主任、坡头区优秀班主任。

教育理念：教师最大的幸福就是看到学生们健康幸福地成长。

不愤不启　不悱不发

你的能量超乎你想象

■ 王 爽

接到班主任的任命通知，刚刚毕业的我对工作充满了期待。兴奋过后，自己对自己产生了怀疑：没有社会阅历，没有丝毫的教学和管理经验，遇事容易情绪化，我这样的人能够管理好一个班吗？不过，我认定的事情，就要努力做到最好。

带着满腔的热情，我开始了班主任工作。我发现我班学生大多基础薄弱，性格内向，不善交际，他们不敢也不愿意主动去认识他人，表现自己。针对这种情况，我上了一节“认识自己”的班会课，让每个学生在黑板上写下自己的名字，并且备注优缺点。“爱唱歌”“会跳舞”“喜欢照顾小动物”……种种优点写满了黑板。

热烈的氛围被一个低沉的声音打破了。“老师，我没有优点，就不上去了。”我循声望去，是一个高高瘦瘦的男孩子。“每个人都有自己的优点呀，可能是你自己还没发现。要不，其他同学帮他总结一下他有哪些优点。”“他个子最高，跟姚明似的。”“他外号就是‘姚明’！”“他打球可厉害了。”同学们的鼓励给了他信心，他走上讲台，在优点栏上写下了“打篮球”三个字。这节课让我记住了这个高高瘦瘦的男孩子。

没过多久，学校举行迎国庆篮球比赛。我兴高采烈地回到班里，询问有没有人愿意报名参加比赛，并把目光落在“姚明”的身上。“姚明”看了我一眼，低下头没有说话。我走近他，问：“怎么样？你最喜欢篮球比赛呀，你球技这么好，代表我们班参加比赛吧。”“姚明”继续低着头，说：“我打球技术很烂的，而且这种比赛，我没兴趣。”我的满腔热情仿佛被浇了一桶冷水。“那么其他同学呢？有人愿意参加吗？”教室里一片沉寂，只有“沙沙”的写字声。在我的多次鼓励下，大家才勉强推选了五个人出来，就这样组成了一支连替补都没有的球队。

那一瞬间，我很受打击，对做好自己的工作产生了怀疑。我去请教一位优秀的班主任，她说："欲速则不达。给自己一点儿耐心，也给学生一点儿耐心。到最后，你会发现，他们给你的远比你期待的要多得多。"

于是，我重新振作精神，成立啦啦队，每天放学后便组织学生一起到操场上看球队练球，给他们加油助威。比赛如期而至，经过一番对抗后，我们班便落后了，因为没人轮换，场上的同学体力不支，与对方分差达到了 10 分。比赛的结果基本已定，我开始在心中盘算，要怎么安慰他们，鼓励他们。

还是那个低沉的男声打断了我的思绪，"姚明"和几个男生跑到我的面前，说："老师，换我们上吧。没有换过人，他们几个太累了，这样我们班一定会输的。"我看着他因焦急而有些泛红的脸，同意了他的请求，向裁判示意换人。

比赛重新开始，我班的士气便高涨起来，比分被慢慢追回。只见"姚明"一跃而起，在空中截断对方的传球，随后转身，左冲右突，冲破对方两层防线，把球传给了前锋。前锋抓住空当，果断出手，直接命中，3 分！他们在倒数声中投进了最后一个球，以一分险胜。全班同学欢呼而起，冲进球场，大家紧紧地拥抱在一起，汗水和泪水交融在一起，依旧遮掩不住他们欣慰与自豪的笑容。

第二天，我把比赛的照片和视频做成 PPT，展示给学生看，并让他们谈谈自己在这场比赛中做了什么，有什么感受。球员、啦啦队、后勤组都纷纷发言，大家开始认识到自己存在的价值，认识到团队的力量，认识到只有坚持下去才能迎来希望。

后来，"姚明"告诉我，他读初中时成绩很好，家人都对他寄予厚望，可是中考他考得很差，他的好朋友都去了区一中。每次朋友给他发信息说学校发生的趣事，他都很羡慕，又很难受。因为这些本来也应该有他的份。上学期他也代表班级参加篮球比赛，可是却输了。别人嘲笑他，他更觉得自己是个失败者。

望着这个倔强而又有些自卑的男孩子，我有些心疼并安慰他说："你未来的人生道路还很长，不能因为一两次的失败而否定自己。应该嘲笑的不是失败，而是还没开始，就害怕失败。你要相信自己，你的能量超乎你想象。”

这个男孩子渐渐开朗起来，笑容也多了。每次我路过球场，他都会大声地跟我打招呼：“老师，看，我又进球了！”

一年的时间很快过去，高考似乎比想象的来得要早。我和学生一起坐在大巴车上，向着考场前进。窗外，乌云密布，每年高考都似乎要下一场大雨来衬托一下考生压抑而又紧张的心情。

“唉，我昨夜整夜没睡着。”

“我也是，我也是。”

“角声满天秋色里，下一句是什么？惨了惨了，我都忘光了。”

“姚明”一脸痛苦：“老师，我好紧张，我感觉我肯定考不上了。”

我打断他们的窃窃私语：“同学们，我们一齐唱歌吧。‘姚明’，你起个头。”

“《夜空中最亮的星》副歌部分，预备——唱！”

“我祈祷拥有一颗透明的心灵和会流泪的眼睛，
给我再去相信的勇气，
越过谎言去拥抱你。
每当我找不到存在的意义，
每当我迷失在黑夜里，
夜空中最亮的星，
请照亮我前行。”

歌声渐渐响亮起来，驱散了学生们的紧张与不安。窗外的乌云也渐渐退去，换成了澄澈的晴空。

“老师，天晴了！”学生们格外欣喜。

“嗯，我看到了，天晴了。大自然告诉我们这个世界上有无限的可能，关键在于你自己。在于你是否做好准备，迎接挑战。在于你是否相信自己，拥有创造奇迹的勇气。加油，你的能量超乎你想象！”

“加油，加油！”

望着他们充满朝气和信心的脸庞，我觉得自己也经历了一次高考，考验的不是学科成绩，而是我是否与他们共同成长，是否教会他们真诚待人、努力做事，是否教会他们认识自己、相信自己。

作者简介及教育理念：

王爽，女，1990年3月出生，毕业于岭南师范学院汉语言文学专业，本科学历，中学语文二级教师，现任教于龙头中学。任职以来，从事语文教学和班主任工作，在教学过程中善于激发学生的好奇心与求知欲，提高学生的语言表达能力。曾获得“湛江市优秀共青团员”“坡头区优秀班主任”称号。

教育理念：随风潜入夜，润物细无声。教师应该做一个有心人，努力做好班级文化建设，让学生养成良好的学习和生活习惯，在潜移默化中前进和成长。

手机不见了之后

■ 沈冬青

2018 年 3 月 16 日（星期五）晚上，小丽同学发微信告诉我，小微同学的手机在教室里不见了。

我一下子蒙了，“手机怎么会不见了，没有立即向班主任汇报?”“她说怕你责怪她带手机回校。”我冷静下来，想着处理的办法。我首先向小微了解当天丢手机的经过。当天下午第一节课是体育课，课后小微回到教室就发现自己的手机不见了。她没有立即向我汇报，而是放学后才向小丽同学说起此事。既然是在班上发生的，我断定是我们班其中一位同学干的。

我第一时间向德育与安保处陈主任汇报，然后提出处理意见，在找回手机的前提下，不要把犯错的学生推向大家的对立面，而要以此教育好他。

3 月 18 日（星期日）晚自习时，我向全体同学讲了小微同学在上周星期五下午第一节体育课的时候，放在座位抽屉里的手机不见了，不知道哪位同学“借”了她的手机。在此，请同学们把自己在该节课期间是否回教室讲清楚，并写上证明人。写好后，把纸条对折交上来。在同学们写情况的时候，我注意观察，发现小斌同学眼神不定，神色慌张，我心里有数了。除了小斌同学迟迟不交之外，其他同学迅速地把纸条交上来。

在看完同学们交来的纸条后，线索就出来了。小斌说他曾在课间回到教室，但写不出证明人。为了不显得有针对性，每个同学我都找来谈话，了解情况并做好记录。其实，我早知道小斌此前丢了手机，三番四次地要求家长再给他买，他父母接纳我的建议，坚决不给他买。也许是他对手机太渴望了，以致一时糊涂拿了同学的手机。我找他来谈话，不责骂他，而是轻声地问他：“你知道老师叫你来干什么吗?”他回答说不知道。他在为自己设防。我换了个话题：“近段时间还玩游戏吗?”他回答我：“比以前玩得少了。”我笑着说：“不错哦，有进步，老师高兴。你是在手机平台玩的还是去网吧玩的呢？”他说：“是用手机玩的。”我应了一声“哦”，接着问：“玩什么游戏来着？”他答是《王者荣耀》。我用惊喜的语气说：“你也玩呀，真厉害！”他脸上露出一丝不好意思的表情。我接着说：“《王者荣耀》一共有 30 级，小斌你达到几级了？”他笑着问我：“你怎么也知道《王者荣耀》的级别，难道老师你也玩吗？”我没有正面回答他的问题，只是说：“我也该了解你们青少年的娱乐，要不然就掉队了。”我顺着问了一句：“手机是不是‘借’小微同学的呢？”他立刻回应我说：“不是。”说完，他不由自主地低下头来，他的潜意识是为自己辩护，可他这个小动作已经暴露了他的心虚了。我笑了笑，继续说：“你玩了两天两夜，也该物归原主了吧，毕竟那不是你的物品。我们中华民族有知错能改的美德，我希望你也做得到有借有还。”他沉默了一下，鼓起勇气抬起头来望着我说：“手机现在不在这儿，在家里。”我抚摸着他的头说：“你能如实告诉我，这已经很棒了。你想怎么处理呢？”他说不要告诉他爸爸妈妈，自己马上回家拿手机给我，嘱咐我不要在班上说是他拿的。我答应他。过了十分钟之后，他把手机交到我手上。我和他商量了一下，在晚自修之后，等灯熄了，我和他一起把手机放回到小微的抽屉里。他应允了。我严肃地对他说：“回到班上，什么都不要说，用心学习，希望这件事能经常给你提个醒：勿以恶小而为之，勿以善小而不为。”

丢失手机的风波平息了，教室里又恢复了平静。这个犯了错的孩子，在老师的帮助下拨正了航向，在人生正确的航线上继续前行。

作者简介及教育理念：

沈冬青，女，1973 年 6 月出生，本科学历，中共党员，中学英语高级教师。1991 年参加工作，担任班主任 16 年，现任官渡中学七年级年级组长兼英语备课组组长。先后被评为坡头区优秀教师、坡头区优秀班主任、官渡镇优秀班主任。

教育理念：爱是教学成功的基础，创新是教育的希望。

静待花开

■ 朱凤群

最近我读了南林君的《静待花开：从中等生到港大才女——一位小留学生的陪读妈妈手记》，很受教育。作者通过自己的亲身经历，剖析了自己曾经存在的教育理念上的一些缺失和偏差，读了让人感同身受。

我教书十多年，脑海中总会闪现出那么几个让人揪心难忘的学生。今年接手的这班四年级学生，同样也有几位让每一位任课老师深深记住。其中有一位叫小廖的学生，长得英俊潇洒，皮肤白白的，穿着斯斯文文，但特别好动，无论上课还是排队，他总是很惹眼。今天我才批评教育了他，明天他老毛病又犯了；刚刚纠正过的错误，又仍然明显地出现在他的作业本上；屡次交代他老师不在的时候要遵守纪律，可走进教室迎接我的依然是他“张牙舞爪”的身影和与同学闹哄哄的“交响曲”……

记得有一次开家长会，来的是他爷爷。爷爷看起来是一位很有素质的七十来岁的老人，当时很多家长都争着问我有关他们儿子或者女儿在校的情况，唯独老人沉默着。也许他知道自己的孙子小廖是什么状况了，无须再问。

一天，上《路程　时间　速度》的数学课。当学习完新知识后，我向大家提问：“学习了这节课，你有什么感想？”同学们都大胆举手回答，小廖同学也道出一句：“路程再近，如果没时间，怎么回家呢？”这一句话是不是有什么背景？我想着。于是，课后，我就单独找他谈心。经过了解，才知道他的爸爸妈妈长时间不在家，他是和爷爷一起生活的。顿时，我觉得他平时的多动型性格的形成是有原因的，我终于能理解他的行为了。于是，我马上与他妈妈联系。一了解才知道，他妈妈长期在吴川的一家酒店工作，由于属于管理层，时间方面不容易把握，所以极少回家。而他爸爸，是跑长途车的，也是常年在外，迫不得已，只能由爷爷照顾他。他妈妈表示很对不起他，也清楚他的多动型性格，希望我能多关心他。说真的，我心里有点儿沉重，在当今社会环境下，父母工作忙，压力大，往往疏忽陪伴和关心孩子。

哈佛大学心理学教授吉尔博说：十年以后，你会因为今天没有多陪孩子一小时而后悔！你可以说很少陪孩子，拼命赚钱是为了自我实现，但千万别说是为了孩子。如果孩子成才，他会自食其力，不需要你的钱。如果孩子不成才，钱多只会让他游手好闲，反而害了他。因此，我要求小廖爸妈尽可能多抽一点儿时间回家陪伴自己的孩子。

有一天，单元测验，他考了70分，而全班平均分是86分。第一次，我发现他课堂上是如此安静，与平时的“张牙舞爪”不一样了，眼神似乎也有点儿忧郁。由于是复习阶段，班上很快又进行了一次测验，这次，小廖同学考了96分，他高兴地问我：“老师，你把成绩发给家长了吗？”眉开眼笑的表情难以掩饰内心的兴奋，他的表情让我觉得他心中暖暖的。是呀！我们大人都需要鼓励，何况小孩子？每一种花开都有适合自己的条件与时间，花儿不开，说明是条件不成熟或时间不合适，每一个孩子的成才也都有一个过程。

作为一名老师，耐心一点儿，等等看，再等等看，也许，这迟来的惊喜更让人感叹：耐心，才能等到花儿开，才能听到花开的声音。

作者简介及教育理念：

朱凤群，女，1983年11月出生，小学数学一级教师，湛江市数学骨干教师，广东省张颖名师工作室学员。现任教于湛江市实验小学，担任学校中高年级数学教研组组长。坚持学习各种业务，积极改进教学方法，力求让学生在轻松愉快的氛围中学到知识，教学效果好。多次被评为优秀共青团员、优秀少先队辅导员。

教育理念：尊重每一个学生，相信每一个学生，研究每一个学生，发展每一个学生，不断遇见更好的自己。

寻找打开学生心锁的钥匙

■朱荣清

从教二十年，虽然酸甜苦辣都尝过，但我依然将教育事业当作人生道路上一道美丽的风景线。

一直以来，在教育工作中，我坚持关心每一位学生，尊重并培养、发展每一名学生的个性，使他们的个体潜能、智慧、创造力都能得到充分的发挥。正是这种关心和尊重，拉近了我和学生之间的距离，从而演绎了不少令我感动难忘的小故事。

在我众多的学生中，有一个这样的“她”。她将自己封闭，不想走出去，也不允许别人靠近一步。如何让她走出自己的世界，融入集体中，活跃起来、快乐起来？我绞尽脑汁。

一开始，我试图走近她，但她用冷漠拒绝了我。我多次用表扬之火试图温暖她的心，但她的心依然冰封。通过迂回了解，知道她四岁时，妈妈生病离开了这个世界，爸爸后来又给她找了一个新妈妈，把她寄养在外婆家。刚开始时，爸爸一两年还会去看她一次，后来就干脆不去了，她只能和外公、外婆一起生活。在她五岁时，外公又因病去世了。由于她与外婆之间有代沟，加上邻居常对她投以同情的目光，本有着强烈自尊心的她变得自卑起来，心变成了一块不易融化的坚冰。多年的教育经验告诉我，不要期盼短时间内改变她，只有用发自内心的温暖和真挚的爱才能融化她心里的坚冰。于是我找来与她有可能接近的老师和同学，让她们和我一起共同组成一个温情的大家庭，真诚地接纳她，热心地去帮助她。慢慢地，大家的热情感染了她，使她那封闭已久的心慢慢敞开。笑，重新飞上了她那张冷漠的小脸，一些活动她也很积极参加了。渐渐地，她摆脱了冷漠，甩掉了自卑，走出了那堵设防已久的墙。她变得乐观开朗，能和同学们融合在一起了。看到这样的她，我很欣慰。同时我也领悟到，作为一位老师，不仅仅是站在三尺讲台上传授知识、培养英才才是成功的，真诚地关心学生，帮助学生走出人生的困境同样有成就感。

能帮她走出冷漠的围城已是不易，要引领她跟上同学们前进的步伐则更难。也许是习惯了长期的懒散，她已经不太愿意再动脑动手了，那欠缺灵性的双眸透出的是麻木、呆板。科任老师对她多次督促无果，同学们对她的无动于衷也失去了热情，她也没有进取的欲望。面对已走出自我封闭世界的她，不服输的我在不断思考：如何帮助她，引导她顺利跨过这个坎呢？她毕竟是这个班中的三十八分之一啊！于是，我这个新班主任再次向她投去了关切的目光，因为只有“爱”能让她跨越一切障碍，重新振作起来。我在上课的时候有意穿插讲述一些中外著名的励志人物故事，如《钢铁是怎样炼成的》主人公保尔·柯察金，中国著名残疾人作家、哲学硕士张海迪，还有古代司马光警枕励志的故事……每次讲完故事后，我都会有意无意地观察她。慢慢地，我从她的眼中看到了不一样的光芒。于是，我抓紧时机找她谈话，告诉她，人只要愿做、想做、坚持做，就一定能做好，会做好。我们这个班是三十八，不，包括我三十九个人的集体，我们不愿任何一个人落伍、掉队，老师也不想抛弃任何一个人，相信你自己也绝对不愿意抛弃自己，老师相信你能做好，加油！慢慢地，她遇事变得积极了，有了努力学习的愿望，不时地向我敞开心扉，向我展示她内心的感受。在帮她解惑的同时，我也感受到被信任的快乐。春节临近时，我给她买了新衣服和水果，与丈夫一同到她外婆家去看她。当她接过新衣服的那一瞬间，我发现了她的双眸闪动着感激的光芒。慢慢地，看到她在改变和进步，我感到很自豪。

每个学生都是一个故事、一本书。我从教这些年，和学生之间的小故事真的很多。这些故事使我更明白教师的言行举止对学生的影响有多大。“笨猪”“笨蛋”的辱骂，会毁灭一颗想进取的心；一个冰冷的眼神，会让一只等待飞翔的鸟儿折断羽翼；你无意中的践踏，会使一棵正在成长的幼苗惨遭蹂躏；你的无心指责，会让一个懵懂的少年误入歧途。我的工作也许不是最出色的，但是，我已经找到了那一把开启学生心灵之门的钥匙，我将继续写好我与我学生的故事。

作者简介及教育理念：

朱荣清，女，1978 年 1 月出生，本科学历，小学语文高级教师，现任教于南调街道中心小学。从教 23 年，一直担任语文、英语学科教学工作，自 1996 年至今，一直担任班主任。先后被评为南调街道、坡头区优秀班主任、优秀教师。

教育理念：责任与爱并行，不抛弃，不放弃，做学生的良师益友。

开学第一课——好好刷墙

■朱　辉

这学年学校安排我当高一一个班的班主任。开学第一周，我组织全班同学一起刷了墙。全班同学，23 个男生、22 个女生，没有一个人缺席，全部像模像样地做了一回泥水匠，教室因此焕然一新。这次活动引起了整个年级甚至整个学校的关注。

一、活动目的——激发正能量连接

作为班主任，我安排这个活动的目的有三个：首先，提供机会让学生在活动中产生良性碰撞，摩擦出友谊，快速驱走陌生感，增加班级认同感；其次，借此活动观察学生的个性及能力，挑选出得力的班干部；再次，让新班级有一个崭新的面貌。

二、动员工作——思想决定行动的含金量

学生对于自己刷墙这件事的态度主要分为两种，一部分学生感觉没有这个必要，因为他们来自农村学校，认为教室的墙脏一点儿没关系；而来自城市的学生对于“自己刷墙”这件事情更是想都没有想过，更别提亲自去做了。因此，刷墙活动前的动员大会是非常有必要的。

下面是班主任动员发言再现：

同学们，你们来说说一起刷墙有什么好处呀？（学生回答，教室会更干净和明亮。）你们只答对了一小部分。

1. 刷墙助成长

对于一个年轻人来说，我们永远不要因为不会做所以不敢做或者不想做，我们应该永远记住：因为我们去做，所以我们就会了。至于怎么刷，大家不用担心，随便刷，不要害怕犯错，有老师在这里，错也是对的。而且，我们有的同学在家刷过墙，到时让他们指导我们。你们只要记住：成长，就是从不会到会。

2. 刷墙成为特长

你的同龄朋友基本不会刷墙，而你会，这样你可以在你的朋友圈里面晒照片了。而且，以后你的履历表中，如果要填写特长，你就可以多写一条：擅长刷墙。

3. 刷墙提升颜值

在一个干净明亮的教室里学习，我们的心情会更好，因为心情好，颜值肯定也会更高。

4. 刷墙促进友谊

我们全班同学能够聚在一个教室里面，是多么有缘分的一件事情啊。可是，我们会不会仅仅因为坐在一个教室里面，就因此而相亲相爱了呢？不会，你想想，你的那些初中同学，凡是你喜欢的，心存感激的，是不是都是和你一起参加过某些活动，在活动中，你们更加了解彼此，所以就成了朋友呢？所以说，我们同学之间的友谊只有在互动中才能被滋养，继而得以增进。而一起刷墙就是一项最好的活动。

5. 刷墙让我们更爱我们的教室

我们之所以这么爱我们的父母，不仅仅是因为他们给予了我们生命，更重要的是，他们为我们付出了爱与汗水。同样的道理，如果我们为我们的教室付出了我们的劳动，我们也会爱这个我们共同学习的地方。比起那些没有感觉的空间，能够在一个我们爱的地方学习是一件多么美好的事情呀！

所以，同学们，我们要不要刷墙呀？什么？没有听清楚，大声一点儿！再大声一点儿！好！那我们明天就全体刷墙。具体分工，我让××同学安排，大家要做的就是听从安排分工。

三、刷墙过程及细节的安排——细节决定成败

经了解，班里有一个同学在家里干过泥水活，所以我安排他作为这次全班活动的指挥，并且手把手地引导他做出这次活动的策划。

作为班主任，虽然在这个过程中直接指挥的人不是我，但是对于整个活动流程，我全部一一详细过问，并且对其中一些不合理的地方做出了必要的调整。例如：刷墙的工具刷子不能只买几把，至少要15把，因为我们不仅仅要把墙刷白，还要每个人都参与。

刷墙的分工大致如下：

①会刷墙的同学示范如何刷墙。

②全体同学一起动手清理墙上旧有的贴纸及其他东西。

③10 个同学负责在地上铺报纸。

④10 个同学负责用地拖清理流到地面的油漆。

⑤其他同学负责刷墙。

⑥一起动手打扫活动后的教室。

作为班主任，我的主要工作是拍照并且参与人员的调配。我发现，尽管我们分工很明确，但是一旦动起来，这分工就变得模糊了。幸好，由于动员工作做得非常到位，所有同学都积极参与其中，都争取多做一点儿，所以反而显得分工没有那么重要了。

这一次活动，我们不仅刷了教室，还把教学大楼西边楼梯两边的墙也刷了。

四、刷墙的后续发展——赚回成本

由于我们买了很多刷墙的工具，花了不少钱，所以我们一直在思考怎样才能把这些钱给赚一点儿回来。机会很快就出现了。

1. 把工具低价租给别的班用

别的班看见我们刷墙之后，感觉自己班的墙也应该刷一下。于是，我们的刷墙工具得到了再次发挥作用的机会。我们准备低价出租我们的刷墙工具。

为了让别的班知道我们有刷墙工具出租，我们为此还打印了十几份海报，班长拿着海报到各个班去分发，将这个方便广而告之。效果就是，很快我们刷教室的高成本就收回了。

2. 承包学校的刷墙工作

刷墙之后，我安排学生义务清洗了两次楼道，并且将消息发到了朋友圈。校长因此知道我们这个集体喜欢劳动，尤其善于刷墙。所以校长“雇佣”我们班把明德楼楼道的墙壁全部刷一次，以迎接高一第一次家长会的召开。

说干就干，全班一起动手，用了一个中午的时间，很快我们这栋教学楼的楼道便焕然一新。

这一次“承包”，不仅彻底收回了第一次刷教室墙的成本，而且为本班的班会费增收做出了重大的贡献。

五、活动反思——体验式教育碾压说教

当别的班主任还在班上苦口婆心地教育学生要热爱班集体的时候，我们在刷墙！当别的班主任在苦恼于学生参加劳动懒洋洋、不积极的时候，我们在刷墙！当别的班主任在绞尽脑汁地思考搞些什么班级活动的时候，我们在刷墙！

通过这一系列的刷墙活动，我们收获了很多：

1. 班集体的凝聚力增强了

同学们在一起劳动的过程中，他们必须不断地进行互动及协调。更重要的是，大家都知道这个活动的初衷及预期的效果，所以在活动过程中，都能做到互相帮助，团结协作。如此一来，同学之间的认同感就产生了，班级的凝聚力自然而然也就增强了许多。

2. 学生得到了成长的机会

原来几乎全班学生都没有刷墙的经历，现在他们都刷过墙了，也就知道了：很多事情看起来我们不会做，其实只要去做，就会。成长的过程就是打破一个个思想上的“不能”使之变成“能”的过程。

3. 培养了“赚钱”的经济意识

从把刷墙的工具租出去，到承包学校的刷墙工作，我们不仅把自己班刷墙的一切成本赚了回来，还增加了本班的班会费收入。同学们在这个过程中，实实在在地感受到了：赚钱有时候一点儿也不难。

作者简介及教育理念：

朱辉，女，1975 年 11 月出生，1995 年毕业于湛江师范学院，本科学历，高中英语高级教师，现任教于坡头区第一中学。从教以来，担任班主任 12 年，所带的班都被评为学校的先进班或标兵班。对待班主任工作有 3 个很明确的原则：1.体验最重要；2.爱与管理并驾；3.鼓励和鞭策齐驱。

教育理念：俯首甘为孺子牛，以身作则与言传身教同行。

经历成长 体味幸福

■ 阮锦营

回想学期初，如果你问我最能记住哪位学生，我会毫不犹豫地告诉你是李大鸿同学。如果你问我这个学期哪位学生最让我感到幸福，我也会毫不犹豫地告诉你是李大鸿同学。你可能纳闷：为什么你对这个李大鸿的印象这么深刻？因为这个学期发生在我和他之间的故事，在我看来既有趣又特别有意义。

开学没几天，这个李大鸿就给我留下了深刻的印象。别看9岁小屁孩一个，话可多得不得了，还给同学和老师起绰号，甚至带头打架，真不是一盏省油的灯！

“小话痨”

我接这个三（2）班，最先记住的名字就是李大鸿。这不是没有原因的，他的话可不是一般多，他就像个“小话痨”：课上老师大声说，他的声音比老师的还大；课下他更是叽叽喳喳个不停。同学总是向我反映说，李大鸿影响自己听课和做作业，甚至有家长打电话要求把自己小孩的座位调离李大鸿的座位。科任老师跟我投诉：李大鸿的话实在太多了，每次上课都要停下来管他，对上三（2）班的课有恐惧感，郁闷得快要崩溃了！别说科任老师了，就是我这个班主任上课，一节课也得提醒他三四次。甚至连隔壁班的老师和同学都知道我班有个出了名的“小话痨”叫李大鸿，但他并不觉得不好意思，似乎还常常引以为傲。

我找他谈话，发现他很健谈，很自信，好胜心很强，好像总有说不完的话。我提醒他说话注意场合，上课期间不能乱说话，他答应了。可课后我找同事了解到，李大鸿依然高谈阔论，没有半点儿收敛的意思。放学后，我把他留下来，很严肃地批评了他，告诉他如果在课堂上再乱讲话就通知家长！他看起来有些怕了，连忙点头答应说下次一定改。没想到第二天第一节课一下课，同事又来投诉了，说李大鸿在课堂上老说话，大大影响到旁边的同学！

几次谈话没有丝毫的效果，这个李大鸿比我想象的还难对付，着实得想个办法才行。我没有马上找他，接下来的两天里，我每节课都去巡班，在学生不易发现的角度对班级上课的情况进行拍照、录视频，尤其是李大鸿，我会特意多拍一些镜头，接着我去买了一本精美的笔记本。第三天课余时间，我把他叫到办公室，把上课拍的照片和视频拿给他看，他边看边哧哧地笑。我又把他的照片拿给他看，他不笑了，低下了头……

不错，这孩子还知道自己的错误！我摸摸他的头，拿出那本笔记本。他看到漂亮的封面，眼睛里有了渴望的光芒。我问他，喜欢吗？他点点头，我打开第一页，马上在上面写了十五个“李大鸿”，他很吃惊地看着我。

“李大鸿，我来和你做一个交易，这里有十五个‘李大鸿’，还有十五周我们就放假了，你从今天开始告诉自己上课不再乱说话，遵守纪律。一周下来你觉得你做到了，就到老师这里来划掉一个你的名字，等学期末都划掉了，老师就把手机里的照片删掉，保证你的家长不会知道，并且把这个漂亮的笔记本送给你！你觉得怎么样？”

他把笔记本合上，兴奋地冲我连连点头：“成交，成交，成交！”

就这样，我们的交易开始了。一周过去了，他没有来。我也知道，要他一下子把毛病改掉不是那么容易的，我愿意等。第二周的周末，他来到了我的办公室：“老师，我做到了。”

我一想，确实没有同学、老师投诉他了，这是我意想不到的！我笑着拿出笔记本。他小心翼翼地翻开第一页，在第二个“李大鸿”上面画了一道斜线，签名写上了日期，又恋恋不舍地把笔记本合上，还给我。

一周一周地过去了，同事和学生来找我投诉的越来越少。到了第十周，我已经整整四周没有收到任何关于李大鸿的投诉了，甚至在第十三周，还收到了同事、同学对李大鸿的表扬，说他认真听讲，成绩进步很快。

期末很快就到了，最后一周，李大鸿画掉了最后一个名字。写完日期，他很遗憾地对我说：“老师，我的笔记本拿不到了，我还有两个名字没有画掉。”他又低下了头。过了一会儿，他又心有不甘地抬起头问我：“老师，下学期这个交易还做吗？”

看着他满是期待的眼神，我笑着说：“李大鸿，其实你可以做到上课不乱说话的，只是你不愿去约束自己遵守纪律，老师和你做这个交易并不是说要和你交换些什么，只是希望你能够认识到自己的错误并努力去改正错误。现在看来你已经认识到了自己的不足，也做得不错，所以老师决定把笔记本送给你，希望你以后能做得更好！”我当着他的面删掉了手机里的照片以及视频，把笔记本递给他。他飞快地接过去，“耶！”了一声，笑得很开心，并且说：“老师，我以后一定做得更好，请你相信我。”

每个孩子都是一个特别的天使，需要我们去发现他的特别之处。每个孩子都是古灵精怪的，需要我们用变形金刚的手法去应对他的千变万化。只有这样，才不会折断天使的翅膀，不会让古怪作祟。教科书式的说教在教育多元化的今天已经不能够完全适用，我们更应该做的是在了解每一个孩子的性格特点后做出有针对性的教育反应，对症下药，也只有这样才能真正达到教育的目的。

“李蛋蛋”

“李蛋蛋”是我给李大鸿起的绰号，这个绰号我在班里连叫了他三天！

开学一段时间后，有位女同学来找我，哭着说李大鸿给她起了个“三八婆”的绰号！我以为没多大的事，小孩子嘛，小吵小闹是正常的。我找到李大鸿随意聊聊，让他给女同学道歉，并强调以后不能给同学起绰号，同学之间要相互尊重。

没多久，班里刮起了一阵绰号风，“三八婆”“肥仔米”“神颠佬”“唐老鸭”“死妖精”……从男生到女生，个个都有了响当当的绰号。一了解，又是这个李大鸿带的头，许多是他取的。他这一起绰号，班上人人以此为乐，个个都争着抢着给别人起绰号、叫绰号，比谁起得古怪。这次我严肃地批评了他，在班上也强调了，我想应该足以让他及全班同学收敛了。

没过两天，姓杨的英语老师有了一个绰号："杨贵妃"！姓"庞"的数学老师也有了一个绰号："螃蟹"！这两位同事又气又恨，直接找我投诉了。还没等我找他，他就找上我了。那天我一进教室门，竟也听到了我的绰号："阮老头，阮老头！"我气不打一处来。唉！班上这绰号风不能再这样刮下去了，特别是这个李大鸿，真该"修理"他了！

第二天，我走进班里，故意用神秘的声音说："同学们，你们知道我们班有一位'李蛋蛋'同学吗？"大家都看着我，眼神里充满好奇，又充满期待。我故意拉长声音："我们的李蛋蛋就是李大鸿同学。"说完，我故意不看他，但还是瞟到他脸上的不高兴。我知道这个做法是违背老师道德的，伤孩子的自尊，但面对特殊情况，只能无奈地用了。

第三天，我走进叽叽喳喳的教室，看着正说得兴高采烈的李大鸿说："我们的李蛋蛋同学口才真是不错呀，大家给他掌声！"他原本眉飞色舞的脸上立刻没了笑容，很多同学都在哈哈大笑。我不再作声，但看得出来，他正憋着一股气呢！

第四天，我上完课，有个学生来找我："老师，我想和李大鸿一起搭档参加朗诵比赛。"

"你和李蛋蛋，是吗？"我故意抬高声音。我成功地把大家的目光吸引过来，当然包括李大鸿。我不再作声，看着他的脸又拉长了，我的目的达到了，我选择了无视他的不高兴。

放学后，我故意晚走了一会儿。果不其然，李大鸿来找我了。"老师，你为什么给我起绰号？你不是说不能给别人起绰号吗？"他气鼓鼓地问我。

"我们班里每位同学，每位老师，包括阮老师，不是都被你起了绰号吗？"我反问他。

"被叫绰号的感觉好受吗？李蛋蛋，我觉得这个名字够好听，特别配你！"我步步紧逼。

"不好受，很难过，他们都老在背后笑我，叫我李蛋蛋！"他很委屈，泪珠在眼眶里打转。

"可你当初也是这样给别人起绰号的呀，还天天喊来喊去呢！女同学都被你弄哭了。"我一路把他逼到死角。

他沉默不语，低着头弄着衣角。

过了好一会儿，他抬起头说：“老师，我错了，我再也不给别人起绰号了，你也别让他们叫我李蛋蛋了，行吗？我发誓以后再也不叫别人绰号了，我也不想让人家叫我李蛋蛋……”这下委屈的泪珠彻彻底底地滚落下来了。

孩子的泪水不一定说明他知道错了，但起码可以证明此时的他很难过，这对我来说就足够了。“大鸿，当你听到李蛋蛋会难过的时候，你就可以感受到别人听到自己绰号的时候的滋味了，更何况你给同学起的绰号都带有嘲笑的味道。还有，你给老师起绰号，那可是天天陪你读书、陪你学习的老师啊，这样多伤老师的心啊！同学们都跟着你学给别人起绰号，班里的环境该有多糟糕啊，你觉得呢？”我轻轻地给他擦去眼泪。

小家伙哭得一把鼻涕一把泪的，说：“我还以为你很讨厌我呢！”

我拍拍他的肩膀，说：“大鸿，你就是老师的孩子，老师从来都不讨厌你，而且很喜欢你！能原谅老师吗？能，就笑笑！”一句话把他逗笑了。他心满意足地走了，我心满意足地下班了。

第二天，我当着全班同学的面向李大鸿同学道了歉，说不应该给他起绰号。他没想到我会这样做，瞪大了眼睛看着我，后来他直接跑上讲台给大家道歉，并表态再也不给同学和老师起绰号了。这是我没想到的！看到这样的情形，我干脆将那节语文课改为一节关于“绰号”的主题班会课，收到了相当好的效果。

接下来的日子，班上起绰号之风，就像雷阵雨一般，一瞬间就过了。

每个孩子天使心的背面都有一颗小恶魔的心，如何将这颗小恶魔的心揪一揪，拽一拽，是我们要考虑的。换位思考，普通的说教难以起到作用的时候，不妨让他去体验，体验别人的难堪，体验别人的痛苦，只有经历过难堪和痛苦的人才真正知道难堪和痛苦是什么，对于李大鸿，就是如此。

“李打架”

开学后五周的时间里，李大鸿就打了 6 场架，我了解情况后发现都是他挑起的，但他总说别人不对。这种小打小闹，虽没有让双方头破血流，但也足以让同学和家长投诉。

我记得他第一次打架是用扫把打同学的头，同学的头上起了个大包。双方家长来校沟通处理好这事之后，李大鸿妈妈向我吐苦水：“这个孩子够让我操心的，调皮捣蛋，成绩又不好，我今天就给老师一句话，以后他不听话，你打他都可以，我们把他交给你，你放心管教就是了，麻烦老师了。”我心想，当然不能打，但家长的话给了我定心丸，我就知道分寸了。

第二次打架，我把他叫到办公室，不再给他任何解释的机会，板着脸(装也要装出来）批评他打架就是不对，就是做错了！要求他给同学道歉，接着就让他站在我办公桌旁边，反省一小时，陪我改作业。一小时后，我给他撂下一句话：“写一份500字的检讨书！把打架的经过写出来，错在哪里，为什么错，以后该怎样做，一定要详细清楚！”

“500字啊！”他“啊”了一声，我白了他一眼。他很无奈地小声说：“老师，我写不了那么多。”

“写不出也得写，谁叫你打架，写不够500字你中午不用回家吃饭了。”他不说话了。

我就知道他写不了，一个三年级的孩子，要写500字的检讨书，那可是要“吐血的”！我就是要让他知道打架所受的“惩罚”，心中暗笑：让你这个臭小子尝尝老哥的辣椒汤！然后我和家长电话沟通，说明我的用意，今天要他孩子“留堂”一小时进行思想教育，家长非常支持。

果不其然，下课铃响了，他完成不了500字的检讨书。他以为可以走了，用眼神看着我：“老师，我可以走了吗？”

“什么时候完成500字的检讨书，什么时候放学。”我冷冰冰地撂下这句话，继续改我的作业，看都不看他一眼。

他发现回家没希望了，只能乖乖地坐在那儿，硬着头皮苦思了……最后他留了47分钟才完成检讨书，他打电话给父母检讨完才回家。我想今天的做法他绝对忘不了。

后来他每次打架，我都是这样做：先让他向同学道歉，接着让他站在那里陪我改作业，反省自己的行为，再写500字的检讨书，最后打电话向父母检讨道歉。你别说，这个“洗脑”方法真管用，他打架的频率越来越低了，相隔的时间也越来越长了。

对过去的李大鸿而言，打架已经成了他的习惯，如果不明确告诉他打架是错的，不及时处理纠正，他会认为什么事情都可以通过打架来解决，那么下次他会继续再犯错误。在他的概念里，打架也就会成为他解决问题的习惯，而这个习惯很可能延续在他整个人生当中。

所以，当明明知道孩子在是非问题上困惑不已、含糊不清的时候，我们首先应该做的不是指责，也不是要他承担责任，而是要让他明白他的行为是错的，错在哪里，这比盲目地接受惩罚、承担责任要重要得多。我相信每个孩子都是天使，我也相信每个天使都有迷路的时候，我们应该及时指出天使迷路的方向，而不是急于告诉他该走哪条路。

一个学期过去了，李大鸿依旧是那个活泼好动的孩子，可是相比于开学初，已经发生了翻天覆地的变化。他不再是那个不分场合叽叽喳喳的"小话痨"，也不再是那个随意给人起绰号的调皮鬼，更不再是那个一言不合就挥拳头的小霸王！我校的第一届运动会上，他拿了2金1银共3块奖牌；我们班每个孩子在班上都种了一盆花，他种的花又绿又亮，是最好的；家长会上，我公开点名表扬了他；班上的红榜有他的名字；很多时候我在全班同学面前大声地表扬他；期末考试，他语文95分，数学76分，英语83分，比起期中考试，这次考试更让他开心……一个当初的捣蛋鬼懂得了收敛，知道了对错，每天改变，每天进步一点点，这比什么都重要！所以虽然在他身上还有很多不尽如人意的坏毛病，但他一直在进步，不是吗？我觉得这就足够了。

作者简介及教育理念：

阮锦营，男，1986年6月出生，大学本科学历，中共党员，中学语文一级教师，湛江市詹晓玲名班主任工作室成员，现任教于湛江市实验小学，担任德育处副主任。工作11年，有成就感与幸福感，对教育有一种独特的情怀。曾获得多项市级奖，多篇论文在省级和国家级刊物发表。

教育理念：喜欢与学生在一起，学生的快乐成长是最幸福的事。

教育从触动心灵开始

■ 陈水英

白驹过隙，一转眼十二年过去了。往事的每个片段不时冲击着我的思绪，留给我许多感动。现在跟大家分享一个我的成长故事。

记得八年前的九月份，我刚接手五（1）班，班中有个特殊的男孩子——小明。说他特殊，因为他是停学一年现又重返学校的，而且他还有一个令人心惊的故事：有一次，因他多天不去上学，老师到他家去家访，他竟然要跃窗跳楼，幸好他妈妈及时拽住他。从此，他便是老师们口中的危险人物。面对小明，我总会莫名担心，怕他的老毛病（无故逃学）重犯。开学一个月后，证明我的担心不是多余的，小明不来上学了。我便急匆匆地给家长打电话，电话那头是他的妈妈，她告诉我小明病了，请一天假，我心中的石头落地了。第二天，小明又没来，我再次打电话，他的妈妈说小明病还没好，说话支支吾吾的。在我的再三追问下，最后她和我说了实情：小明又不想上学了。挂了电话，家访这个词便在我脑中闪现，平日说去就去的家访，这次我却犹豫了。不过，家访还是要去的。带着忐忑的心情，我踏上了此次家访之路……

来到他家，我没有急着进去，而是环顾了一下他的家，还是没有装防盗网。我心中的害怕又添了几分。可此时转身回去是不可能的了，我敲了门，他妈妈请我入屋。进到屋内，我没有看到小明。他妈妈跑上楼去叫他，不一会儿唉声叹气地下来，后面没有小明的影子，看得出这位失望的母亲想让我上去和孩子聊聊，但想到自己孩子如此无礼，嘴角抽动几下，始终不敢说出。“我上去和孩子聊聊吧！”我说。孩子的妈妈激动得眼中噙满泪水。我转身走向楼梯，可每走一级台阶都是艰难的，脚步很沉重……上完最后一级台阶，来到他的房门前，一扇冷冷的门把我俩隔开。做老师这么多年，我去家访，何曾遭遇过这般待遇？隔着一扇门，而门里的人不知是否在听你说话。那时，我真想转身离开，这样的委屈，我难以忍受。可一想，我要是这样离开了，这孩子就要辍学了。我耐住性子，对着冷冷的门、冷冷的空气、一颗不知是否捂得热的心，细细地说了很多。最后要离开的时候，我对他做承诺：只要他去上学，我会和同学们说，他病了几天，现在好了，又继续来上课了，绝不让他难堪。我很庆幸，在和他说话时，他没有重演历史……

第二天，我去跟班早读，看到“闪亮登场”的他。我信守承诺，并热情地关心着他。慢慢地，这孩子发生了变化：坐端正了，听课认真了，偶尔也能主动回答问题了。他的变化，我看在眼里，喜在心上。我也及时地对他进行表扬。慢慢地，他和我亲近了。有一次，他居然主动找我聊天，感谢我那次家访，感谢我的承诺。接着，他不好意思地告诉我，说自己看电视上瘾了，控制不了自己，常常看到晚上十一时三十分后才睡。我耐心地告诉他，沉迷于电视不好。然后，我和他制订了一个计划：先控制看电视不超过十一时。我说：“老师相信你一定能做得到。”第三周后，他高兴地跑过来对我说：“老师，现在我能控制自己看电视不超过十一时了。”“太好了！你做得太好了！我们下一个目标是看到十时，好吗？”他很肯定地回答我：“老师，我一定能做得到。”到那个学期期末考试前两周的一天，他有点儿失望地来到我面前，说：“老师，我只能控制自己看电视看到十时三十分。”“你已经做得很好了，老师相信你以后会做到的！”我轻抚着他的头说。我觉得眼前的他变得可爱了。

班主任的工作要做得很细，因为要用心呵护；班主任的工作会做得很苦，因为有种打碎牙齿往肚子里吞的辛酸；班主任的工作做得很甜，因为能收获硕果。

作者简介及教育理念：

陈水英，女，1983年5月出生，本科学历，小学语文一级教师，现任教于坡头镇五合小学。从教以来，一直担任班主任，从事语文教学。教育教学基本功扎实，工作认真负责，在教学中形成个人的风格。注重课前准备，注重学生听、说、读、记的训练，注重学生学习习惯的培养。教学效果好。

教育理念：爱心献给学生，诚心送给家长，信心留给自己。

我和学生的故事

■陈　贞

有一次晚自习，学习委员告诉我："土霖同学因为宿舍走廊卫生搞得不干净被扣一分。"

他又被扣分！上周他因为校服纽扣没扣好被扣一分。扣分当然要按班规处罚。于是我走到他身边跟他说："你今天被扣分了，按照班规，你得用五天的时间阅读一本名著，还要在班会课上跟大家分享书中的情节。你自己挑一本……"定这个班规的缘由是我班是理科班，大家普遍不爱看书，我想用这个方法约束一部分做事不认真的同学，同时让他们逐渐养成良好的看书习惯。他没等我把话说完，立马站起来狠狠地拍了一下桌子，当着大家的面厉声吼我："凭什么罚我！今天早上我已经打扫干净了，是别的同学后来丢的垃圾，关我什么事！我不接受惩罚！不接受！"我也不甘示弱，走到讲台，反驳他："必须按照班规扣分，一直都是这样！如果说你被扣分是因为别人后来丢垃圾，除非你自己找到丢垃圾的同学，否则，口说无凭。假如今天我因为你说是别人丢垃圾导致你被扣分而不按照班规处罚你的话，你能保证别的同学不以同样的理由来避过惩罚吗？假如有别的同学被扣分也这样说，你作为班主任怎么处理？"他听完不作声，但看得出来气没消多少，过一会儿才支吾出一句："反正我就是不接受处罚看书，怎样？"一听这话我更火了，不过为了避免跟学生吵架，我得压住火，改用平和的语气对他说："等你冷静下来再跟我说话，什么时候气消了什么时候再来找我，你现在在气头上，我们没办法解决问题。"

第二天，课堂上他很沉默，也没来找我。我也装作不理他。

第三天，他好像气消了一点儿，上我的课又恢复了以往的活跃。

第四天，上语文课，他回答问题很积极，读书的声音异常响亮，看得出来他今天的表现明显不一样。难道是要以此来引起我的注意？但我还是装作不搭理他，我计划对他冷处理一段时间。

第六天的早上，我收到他的道歉信。可能是碍于面子，他没有直接来找我，而是以写信的形式向我道歉。信的内容不多："老师，我太激动了，请原谅!"这时，我觉得可以对他进行教育了，于是大课间我主动找他聊天："你上次刚被惩罚，这次又要被惩罚，心里怪不好受的，发那么大的火，我能理解，真的。我也知道你不喜欢看书，但这是我们的班规，谁被扣分就得按班规处理，任何人不得违反班规。我作为你们 40 多个人的班主任，必须说一不二，不能偏心于某一个人，要不没办法再用班规管理其他同学，请你理解老师，好吗?"他点了一下头，"嗯"了一下。"可能你是因为别的同学后来丢垃圾导致被扣分的，但是没有证据说服全班同学都相信你，我作为班主任没有办法跟全班同学交代，所以只能按规矩办事。再说惩罚不就是看一下书嘛，没什么大不了的！我俩就相互理解一下呗!"他没有为自己辩解，只是低着头在倾听着，不时地点一下头。

一周的时间过去了，在周一的班会课上，他神采飞扬地跟大家分享了外国名著《茶花女》。

被学生当堂顶撞，这是很恼火的事情。我在想，当时我要是哑口无言，就会颜面尽失。当他说"反正我就是不接受处罚看书，怎样?"时，我有点儿紧张，这是来势汹汹的挑衅，可能是因为我当时的语气太重了。不过，经验告诉我，不能硬碰硬，他不冷静，我得冷静，而且我知道他在气头上，跟他讲道理是苍白无力的，我应该给他消化错误的时间和空间，他毕竟还是个孩子。等他情绪稳定之后我再主动找他沟通，我先站在他的角度，从内心深处真诚地表示理解他，再让他站在我的角度理解我，将心比心。我的做法最终还是很容易地被他理解了。

作者简介及教育理念：

陈贞，女，1982 年 4 月出生，哈尔滨师范大学汉语言文学专业本科毕业，中学一级教师，现任教于坡头区第一中学。治教严谨，敢于创新，连续 5 年被评为学校优秀班主任，获坡头区优秀教师称号。撰写的论文、案例多次获奖。

教育理念：放开胸怀，耐心等待，用心呵护。从爱和尊重出发，真心诚意地与学生共同成长。

尊重学生，实现爱的教育

■ 陈华紫

我从教十多年，教过的学生不少。无论他们人在何处，身居何职，每当和我联系，总是喜欢提及初中时的一些事情，回忆起那一件件动人的故事。每当此时，一个“捣蛋鬼”的形象立刻浮现在我的脑海里。

我教的第一届学生中有这样一位男生。我第一次看到他，就觉得他身上有一种特质。虽说不准是什么特质，但总觉得他和其他学生不一样。所以，一开始我就特别关注他，但接下来发生的事情却是我始料不及的。开学第一周，他就和科任老师发生冲突，打篮球时又经常和同学闹别扭，在老师们眼中，他有点儿桀骜不驯。所以，在众人眼中，他成了一位成绩一般、特立独行、不太合群的学生。

一天放学后，我把他叫到办公室。事先，我给他准备了一把椅子，给自己准备了一张小凳子。他进来时，我笑着让他坐下。他不坐，我坚持让他坐，他才坐下。坐下之后，发现我坐的是小凳子，他又站起来非得和我换座位不可。我们的谈话就从这次坐座位开始了。我说：“刚才你很懂得尊重老师呀，这是一种可贵的品质。但为什么你好像和大家不太合群？”他就谈了自己的苦恼，总觉得有些同学瞧不起自己，不尊重自己，所以，自己有时说话或做事就比较冲动。我帮他分析了别人不尊重他的原因，告诉他：要想赢得别人的尊重，必须先尊重别人，并且自己要具备受人尊重的资本。

当时，他的物理成绩一般，但爱好文艺体育活动，而且字写得很漂亮。于是，我让他担任文体委员，每发现他有一点儿进步，取得一点儿成绩，我都适时地鼓励他，表扬他，使他感受到老师的关心和信任，发现自身的优势，从而树立起信心。上物理课时，我经常表扬他卷面整洁，字迹工整。在平常的教学和生活中，我也注意多鼓励他，有时给他一个赞许的眼神，有时表扬他一句。慢慢地，他感受到了同学和老师对他的关注和帮助，他变得越来越随和谦让，乐于助人，在同学中有了较高的威信，也得到了老师们的肯定。一个学期后，他的学习成绩有了很大的进步，他表现突出，被评为“优秀班干部”，成为同学们的表率。

在这三年里，跟我谈心最多的学生就是他，每次我都愿意做他忠实的听众，听他诉苦，听他报喜，看他落泪，看他欢笑。初中毕业后他考上了高中，毕业后，他当兵去了，去保卫祖国的南大门。

每次和我联系，他总会说，那次老师坐板凳、学生坐椅子的事让他第一次真正感受到来自老师的尊重。是呀，一个学生的转变，也许就是缘于老师的一句话，一个眼神，一个不起眼的动作。老师的一个细节可能让一个学生的意志消沉，也可能唤醒他的斗志！转变学生必须从关爱学生和尊重学生开始，灌输社会的正能量，给学生更多的心灵润滑油。

作者简介及教育理念：

陈华紫，女，1976年9月出生，1999年毕业于湛江师范学院物理系，本科学历，初中物理高级教师，现任教于麻斜中学。曾被评为“湛江市中考先进工作者”“坡头区中考先进个人”“坡头区优秀班主任”“坡头区优秀教师”。获“全国初中应用物理竞赛优秀指导教师”奖、“初中物理模拟课堂教学比赛”一等奖、“初中物理课堂教学设计”一等奖。

教育理念：尊重学生的个性发展，用心灵教书，用大爱育人，做孩子们心中真正的良师益友。

两封特殊的信

■ 陈梅英

在我的书桌上有两封被玻璃紧紧压住的信。我已经将这两封信过塑，因为我觉得，这是我一辈子的财富，我要好好保存它们。这两封信就像一条鞭子，时时刻刻鞭策着我，让我警醒：教育是一项伟大的工程，需要教师精雕细琢；教师是人类灵魂的工程师，是教育这片土地的耕耘者，只有付出爱，才能收获爱。

第一封信是去年我刚接任七（3）班班主任时，一位名叫陈明明的学生写给我的。

事情发生在一个平常的中午。我正在教师宿舍里教育我班两个调皮捣蛋的学生，这时，一名女同学敲门进来，急急忙忙地对我说："老师，陈明明吃饱饭后直奔小卖部买雪糕，现在正在校园一边走一边吮着雪糕呢。"我听后，气不打一处来，上午明明和我说肚子疼，现在又……于是我说了一句："看这样子，陈明明真是没得救了。"

就这一句话，让一个爱搬弄是非的学生添油加醋地告诉陈明明：班主任说他没药救了。

一气之下，他写下了这封信。信里他诉说着他的努力和委屈："昨天你和我说的话句句在理，叫我坐有坐相，站有站相，走路不要含胸驼背像七老八十的人，要抬头挺胸像个男孩。又夸我聪明，说我有希望，是一根学习的好苗子。"在信里他也极尽愤怒地痛斥我："你这个狗屁班主任，你这个伪君子……"

我一口气看完这封信，被噎得说不出话来，流下了痛苦的眼泪。"这还是我的学生吗？这还是昨天上午我曾付出心血的学生吗？这样无礼的学生还能教得好吗？"好，既然你不把我当老师，当班主任，我直接放弃你，多你一个不多，少你一个正好！我直接打电话叫你父亲来教你，狠狠揍你一顿，才解我的气。

就在我昏头昏脑地准备拨打他父亲的电话时，我看到了阳台花盆里开得正艳的杜鹃花，杜鹃花在阳光下肆意地笑着。我还发现花盆中有一棵小树苗，刚刚从土里冒出来，寒风中，它是那么柔弱，好像随时要被折断的样子。谁来帮帮这棵小树？谁来保护这棵小树苗呢？

我冷静下来。我是一名教师，应该“爱生如爱子”。陈明明毕竟只是个不到13岁的孩子，哪个孩子不犯错呢？

到了晚上，等陈明明气消之后，我唤他到我的宿舍，进行了两个小时的长谈。通过谈话，我了解了他的家庭。他的父母早年离异，他现在和父亲、继母及同父异母的弟弟一起生活。父亲常年外出打工，家里就只有继母、弟弟和他，而继母对他不理不睬。一个缺乏关爱的家庭，直接造成了他的敏感、易怒、冲动的性格。

听完他的话，我的眼眶红了，我走到他的身边，紧紧地抱住了他。我们的误会在温暖的怀抱中消除了。他哽咽着对我说：“老师，我错了，是我一时冲动，骂了你，你原谅我吧！”“没事，哪个孩子不犯点儿错？”

高尔基说过：“谁不爱孩子，孩子就不爱他，只有爱孩子的人，才能教育孩子。”

于是，在接下来的日子里，我给了这个孩子更多的关爱，一如他的母亲。

孩子生病了，我给他买药；孩子吃不下饭堂的饭，我给他熬粥；学习上遇到困难，我鼓励他，和他一起克服。为了让他更自信，我创造机会，让他接受锻炼。于是，国旗下的讲话，有了他的身影；运动场上，有了他的英姿；一个个领奖台上，也有了他自豪的微笑。

学期末，他父亲来到学校接他回家，他父亲紧紧地握住我的双手，说：“老师，谢谢您！您给了我一个全新的儿子。”

2017年的教师节，我收到了陈明明的第二封信。

信的开头是这样的：亲爱的老师，你还记得七年级的那件事吗？我记忆犹新。每当有人说起我的脾气和性格，我总能想起那些日子里你对我的照顾，对我的谆谆教导！你像慈母一样关爱我，你像父亲一样对我严格要求。每一次谈心，无论是快乐和伤心，你都说相信我们会走出这片贫瘠的土地，在大城市里开创出属于自己的未来。而你自己却在这所农村中学默默奉献，默默耕耘。老师，其实我想告诉你，我不想离开这片土地，我想像你一样守护着那些孩子们！等我们长大你也慢慢地老了，是时候让你的这些孩子们接过代表着中国梦的接力棒不断向前！……

信的结尾写道：老师，一年了，你的孩子们懂事了，他们不会再惹你伤心流泪了。请你保重好自己的身体，你的心脏不好，你的咽喉也经常发炎，别把自己累倒了，就让你的这群孩子关心你，照顾你吧！老师，我们的好老师，谢谢您！祝您节日快乐！为我们保重好身体！

我又一次流泪了，这次是欢欣的泪水。小树终于长大了！

教师，太阳底下最光辉的职业，我爱你！三尺讲台，因为我的爱，硕果累累。

作者简介及教育理念：

陈梅英，女，1970年9月出生，本科学历，中学英语一级教师，现任教于上圩中学。1991年7月参加工作，一直从事中学英语教学工作并兼任英语科组长和班主任工作，注重教学方法的探索，教育方式的研究。被评为坡头区优秀教师、坡头区优秀班主任。

教育理念：爱与尊重是教育的出发点。

宽　容

■ 陈黄敏

古人云：“人非圣贤，孰能无过？”对于认知还处于低水平的小学生来说，犯错误在所难免。作为教师，当孩子们犯错误时，我们要多给予宽容，给他们改正的机会，切莫伤害孩子们的自尊。

新学年开始了，我刚接了一个新班，就听说这班孩子的纪律不太好。怎样给孩子们一个下马威？我首先想到的是严惩。第一节班会课，我做了充分的准备，制定了严格的班规。预备铃响了，我快步走上讲台，一脸严肃地用犀利的目光扫视了一遍教室，也许真的被我的威严吓到了，教室里顿时鸦雀无声。但正当我讲得头头是道的时候，突然传来了笑声，这笑声在安静的教室里多么刺耳啊。同学们的目光一下子转移到角落里的一个小男孩身上，我也狠狠地瞪着那个小男孩。只见他低着头，脸上的笑容还没消失。后来小男孩似乎有所发觉，顿时收起了笑意，还露出了惊恐的神色。我气极了，这是嘲笑我吗？笑我讲得不好吗？第一次上课就被你这个黄毛小子取笑，我以后怎么管好这帮调皮的学生？我气冲冲地走了下去，一手把这个违纪的家伙拉了起来。“啪”的一声，一本书从抽屉里掉了下来。我顿时明白了，原来小男孩刚才在看课外书，被书中的精彩情节逗乐了。我把书捡起来，小男孩急忙夺回去，可见这本书对他是多么的珍贵。他还想反抗！我用力一扯，书被撕成了两半。他的眼泪大滴大滴地往下流，紧紧握住双拳瞪着我，像是一头发怒的狮子。我当时也蒙了，但我很快镇定下来，把他拉到讲台旁，我要在全班同学面前“杀鸡儆猴”。

我以为经过这次教训后，小男孩会怕我。但接下来我每次课，他都不理睬我，只是低着头发呆。后来我了解到小男孩叫小邓，挺聪明的，酷爱阅读，但有点儿调皮。我意识到自己当时对小邓的行为太过激了。为什么不能给他改过的机会呢？我后悔了，怎样补救呢？我总不能低下头向他认错吧！哪有老师向学生认错的呢？在当时的我心里，只有学生向老师认错的份儿！第二天，我发现小邓连我布置的作业都没做，我知道他在跟我作对。这样下去可不行，我必须想办法解决。于是，下午放学后，我把小邓叫到办公室。我让他坐在我旁边，第一句话就对他说："小邓，对不起！昨天我不该撕破你的书，现在我帮你粘好了。"我把书递到小邓面前，小邓先是一愣，大概他也是第一次听到老师对他道歉吧。我发现他看我的目光变得温柔了。我抚着他的肩膀，和他谈了学习的重要性，上课要专心，应该利用课余时间看课外书。他在我苦口婆心的教育下也认识到自己的错误。但临走时他说了句令我记忆深刻的话："老师，那天在全班同学面前，您让我丢尽了面子。"我震撼了，别看小孩年纪小，他也有自尊，我怎能凭自己的冲动伤害孩子的自尊呢？我万分自责，可以想象，那节课他站在讲台旁内心受到了怎样的煎熬和委屈。

从那以后，我利用课余时间故意接近小邓，问他最近又看了什么书，让他给我讲讲书中的趣事。他也开始慢慢地接纳了我这位班主任。为了提高同学们的阅读兴趣，我充分利用图书角开展阅读活动，在班里组织了故事会比赛。小邓在比赛中有出色的表现，我奖励了他。此后，只要他有小小的进步，我都在同学们面前表扬他，让他在班上树立威信。我在教室后面的学习园地上，贴了同学们的许多优秀作文，其中有小邓的。小邓尝到了阅读的快乐，收获了阅读的成果。

放假了，我网购了一套《世界未解之谜》送给小邓。当小邓接过书时，我分明看到他眼里的喜悦和感动。

"严师出高徒"这句话固然对，但有时由于老师的要求过于苛刻，或说话不周，产生的后果往往与你的愿望背道而驰。应该宽容对待犯错的学生，让他们慢慢自悟，重拾信心，在掉队的路上奋力追赶。宽容学生，就是宽容自己。

作者简介及教育理念：

陈黄敏，女，1968年9月出生，大专学历，小学语文一级教师，现任教于坡头区第一小学。从教以来，一直担任班主任工作，被评为坡头区优秀班主任、湛江市优秀班主任。在三十多年的教育教学工作中，积累了丰富的教书育人经验，撰写了多篇教育教学论文。

教育理念：允许孩子犯错，要善待犯错的孩子，这是一种胸怀，一种教养，更是一种教育艺术，宽容本身就是一种教育力量。

用爱滋润心田

陈霞珍

著名儿童教育家孙敬修说过：“教师要热爱学生，应把学生看成自己的儿女手足，对他们的关心、热爱和责任感还应超过自己的儿女手足。有了这种感情，才能把每一个学生培育好。”说得真好，我时刻用这句话鞭策自己。19年来，我一步一个脚印，以我的满腔热情无微不至地关爱我的学生。正是这份真诚的无私的爱，使我的学生能快乐成长，我的教师生涯也充满快乐和阳光。

2017年，我担任二（1）班副班主任。班里有个小林同学，一年级的时候，她是个爱干净的小女孩，脸上总是挂着笑容。但是这学期初，她浑身上下没有一处干净，头发凌乱，手脏兮兮的，还露出脏兮兮的脚丫。她上课不专心听讲，做作业时动作很慢，书写相当潦草。她总是低着头，不爱说话，一副心事重重的样子。她的特别表现自然引起我的特别关注。

我决定家访。来到她家，只见屋里一片狼藉，她母亲怀抱着一个婴儿，孩子在哭闹。我挽起袖子帮她收拾房屋，哄孩子，孩子终于安静下来了。我和她母亲攀谈，从中了解到，小林同学的父亲长期在外打工，她母亲还在坐月子，还要带两个小孩，由于忙，冷落了小林。我将小林的情况告诉她母亲后，她母亲表示一定抽空和孩子多交流，多关心孩子。从此以后，我观察到孩子又变得干净了，交上来的作业很整洁，脸上重新露出了笑容。同时，我送了一些学习文具给她，以增进我和孩子的感情。

亲其师，信其道。小林的学习步入了正轨，有了小小的进步，我就及时表扬她。为了提高她的学习成绩，我特别安排一个学习好、乐于助人的女同学陈晓妍跟她同桌。我跟陈晓妍同学说，为了大家共同进步，你要多关心她，耐心帮助她。陈晓妍满口答应了。在陈晓妍同学的帮助下，她努力学习，进步很快。

这学期末，学校要进行墙报评比，小林同学主动要求我让她参加出墙报，我高兴地同意了。经过她和其他同学的努力，我们班的墙报获低年级组一等奖，她也得了一张奖状。拿到奖状，她笑得特别甜。散学典礼结束后，我转身回房间，她偷偷地跟我到房间，她一手拿着成绩优秀奖状，一手给我递上一张她亲手做的新年贺卡。

看到小林同学进步了，我感到欣慰。

作者简介及教育理念：

陈霞珍，女，1999年7月毕业于广州市师范学校，2011年6月取得华南师范大学汉语言文学教育本科毕业证书，小学语文一级教师，现任教于坡头镇五合小学。

教育理念：以学为本，以爱滋润学生心田，以赏识教育为主。

做麦田里的幸福守望者

■ 吴金燕

花开从来不是易事，要用科学的方法来不断培育。而我们的一个个学生不正如一盆盆的花吗？花需要阳光、雨露、土壤、肥料，少一样都不行，有的喜酸，有的喜碱，有的喜阴，有的喜阳，不了解它们，不给它们提供适宜的土壤，它们很难为你绽放那娇美无比的花蕾。每个学生，性格各异，有的开朗，有的文静，有的睿智，有的笨拙，不了解他们，不因材施教，他们就像花儿一样，花期过了，没开花的只能静静地舒展着几片叶子，或许，永远没有绽放的日子。

陶行知先生曾多次告诫教育者："我们必得会变小孩子，才配做小孩子的先生。"怎样变小孩子呢？其实就是要我们教师用儿童的眼睛去观察世界，用儿童的耳朵去倾听声音，用儿童的大脑去思考问题，用儿童的情感去体验生活，用儿童的兴趣去探寻自然。但是试问自己，我拥有一颗童心吗？有一颗可以理解孩子的童心吗？

学生佳佳，一位拖欠作业的"高手"，他不交作业的方法可以总结为三种：一是说"忘带了"；二是说"作业本不见了"；三是干脆沉默，一句话也不说，常常让老师又气又恼，拿他没有办法。第一次检查作业，唯独缺佳佳的。此时我没有声张，也没有立即催交，而是等到大课间，请他到办公室，轻声地对他说："全班 33 个人，今天只交了 32 本作业……"还没说完，他立即接下去说："哦，老师，我忘带了，放在家里面。"我问："那怎么办呢？"他不吭声了。我停顿一下想了想，接着说："这样吧，既然忘带了，你回家去拿，或者就在这儿再做一遍，你愿意采用哪种办法呢？"正如我所料，他选择的是"再做一遍"，10 分钟不到，他便交作业了。我一看，字迹潦草是全班之最，格式错误也是全班之最，卷面不整洁更是全班之最，倒是组词全部做对了。我看到后没有批评他，而是惊喜地说："对了……全对了！你真不错！正确率是全班最高的！"听到我的话后，他很吃惊，脸上表情逐渐由阴转晴，竟忍不住微笑了。我一把拉他过来，轻抚着他的脸颊，说："真高兴，我就知道你是一个很聪明的孩子，明天的作业，希望你也全对，有把握吗？""有！""这么有信心！那我明天第一个就看你的作业，好不好？""好！"他开心地说。"但是今天的作业虽然全对，却只能打优，不能打优☆。"我打开早已准备好的一本打优☆的作业，让他找出原因。他不一会儿就知道原因了。我对照他的作业，有重点地详细讲解了作业的基本要求，然后鼓励他说："你把作业再重写一遍，第一次就打一个优☆怎么样？"他一听，更高兴了，接过作业本，立即坐下来重写了作业。我看着他写完，及时纠正他书写的错误，然后又逐一打上记对号，写上优☆。他欣喜地望着作业本眉开眼笑。我问他："两次作业，你喜欢哪次的？"他摸摸头不好意思地说："第二次的。""我也是，第二次的作业既正确又美观，明天的作业，希望你也能得到优☆！"

第二天一到校，我便找到他检查他的作业，我发现他这次的作业比第一次的作业有了很大的进步，但仍有两处乱涂，还错了一个拼音。我悄悄地给他指出，让他改过来再和全班同学的作业一起交到办公室。作业评讲时，我展示了得两次优☆的同学，并且特别表扬了他。全班同学把祝贺的掌声送给了他，他却不好意思地低下了头。一周后，他妈妈说："佳佳这孩子现在改变很多，动力十足，一回家就开始做作业，根本就不用操心了。"我想这就像我国著名的教育家陶行知先生说的："真的教育是心心相印的活动，唯独从心里发出来的，才能打到心的深处。"我想到有人说过这样一句话："老师不经意的一句话，可能会创造一个奇迹；老师不经意的一个眼神，也许会扼杀一个人才。"教师可能没有能力点燃火种，但绝不能熄灭火种！面对眼前同样充满好奇的天真的孩子们，要珍惜，更要努力让每一个孩子的心中充满阳光，让每一个孩子在爱的抚慰下快乐成长。每一位为人师者，放弃了一个学生，可能会减少自己的工作压力，但自己放弃的却是一个孩子的美好前途，放弃的是一个家庭的希望，留给自己的也将是一个永远的遗憾！孩子的心灵是纯洁而美丽的，如水晶；孩子的心灵是脆弱而易碎的，如玻璃。我们做老师的要欣赏他们水晶般的心灵；更要保护他们玻璃一样易碎的自尊。

作为语文老师和班主任，我要求学生从 2017 年 10 月 1 日开始写日记，内容可以自定，但必须是真实的。我想通过周记尽早了解学生的内心世界、家庭生活、校外情况等。为了激发孩子写日记的热情，引导孩子在日记里表达自己内心的想法，我细读每一篇日记，每一篇日记都写下我的心声。日记本成了我和孩子们沟通心灵的桥梁。泽轩生活在单亲家庭，他在日记中流露出孤独与不开心。我在日记中给他写了一段鼓励性的话语，小标题是“黎明前的黑暗总是暂时的”。我的鼓励，使他慢慢地开朗起来。他在日记里写道：“曾经我感觉自己是一个很不开心的小孩，自从认识了老师您，我渐渐地从您那里感受到了温暖，体会到了爱。老师，现在的我在看到你微笑的时候，也会跟着快乐起来。”

国庆中秋小长假前，我给二（1）班33个孩子及他们的家长布置了一道亲子作业：在假期里面，我学会的家务活是什么？要求家长先教会孩子干家务活的方法和流程，孩子独立完成后及时把干家务活的感受用日记的形式写下来，并且要将劳动的场面图片和视频发到我的微信上。

在发了作业以后，我第一时间在微信群发了《孩子做不做家务，长大后差距竟然这么大！现在看到还不晚！》这篇文章，帮助家长们提高对学生干家务活的认识。

我们可以重温陶行知的教育思想，生活即教育，社会即学校，教学做合一。陶行知毕生从事平民教育事业，提出“以教人者教己，在劳力上劳心”的口号，并且真正做到身体力行，同贫苦学生同劳动、同甘苦。在晓庄师范的茅屋礼堂两旁有一副对联：“和马牛羊鸡犬豕做朋友，对稻粱菽麦黍稷下功夫。”

让我们以理性的思考，以平等的名义，以期待的目光，去守护心灵的净土，见证花开的历史。让我们用心聆听花开的声音，做麦田里的幸福守望者！

作者简介及教育理念：

吴金燕，女，1985年5月出生，瑶族，中共党员，小学语文二级教师，现任教于湛江市实验小学，是湛江市宋广玲名师工作室成员。从教11年，担任过高中、初中、小学的语文教学工作，任过年级组长、语文科组长、备考组长和10年班主任。多次被评为先进教师、先进班主任和高考先进个人。

教育理念：真正的教育是走进孩子的内心，让每个孩子都能在原有基础上获得不同程度的发展。

教学故事二则

■ 劳水金

眨眼间，我从教已经5年了。教了4年高中英语后，学校由完全中学改为九年一贯制学校，我也变为初中英语老师，这对我来说，是一个挑战，也是一个学习的机会。我教的是七年级，下面给大家讲两个小故事。

激励学生

根据马斯洛的需要层次理论，初中生属于希望满足社交和归属需要、尊重需要层次的群体。根据观察，七年级学生正处于青春期，情绪变化不稳定，容易出现矛盾心理。他们既渴望独立又还不能独立，既自大又自卑，需要别人的引导和认可。于是，我在教学过程中，选择了物质奖励和精神激励相结合的方法。

开学伊始，就宣布了我的激励方案：每个月奖励一次，奖励对象是每个月综合表现比较好或者英语进步大的学生，每次奖励名额是2至3名。我自掏腰包为他们精心准备了小礼物，从第一次的定做创意陶瓷印字杯，第二次的土豪金颜色的签字笔，到第三次的手表。学生们都兴奋不已，得到奖励的十分高兴，同时，他们也起到了一个榜样的作用；而暂时没有得到奖励的同学则十分羡慕，他们也暗下决心要通过努力争取下次得奖。我知道，在物质奖励和精神激励相结合的基础上，也要从物质奖励逐步过渡到以精神激励为主。他们更需要的应该是精神满足，比如，期望得到爱、得到尊重、得到认可、得到赞美、得到理解等。所以，每个得到奖励的同学，我都会根据他们的具体情况，为他们设计一段获奖原因的独白，内容以肯定他们并提出他们还需要努力的方向为主。

通过物质奖励和精神激励相结合的方式，学生们学习的积极性得到了很大的提高，班上英语学习的气氛更浓了。

一次课堂上的小插曲

有一次上英语课，说到了 look 作为连系动词的用法，有两个女学生随后问我长得丑的“丑”用英语怎样表达，我告诉了她们。谁料她们当即活学活用，用纸条写着“Mo Ziru（莫梓如）looks ugly. Mo Weihao（莫伟浩）looks ugly，too.”，并传给了莫梓如和莫伟浩。他们打开纸条正在看时，被巡视教室的我逮个正着。我没收了那张纸条，写纸条的两位女生很紧张，她们害怕我公开批评她们，甚至告诉班主任。于是，我拿着纸条上讲台，道明在课堂上传纸条是不对的，不认真听讲，影响了自己，也影响了别人的学习，并问同学们要怎样处理这件事情。有的同学说，将纸条内容公之于众，告诉班主任，并通知家长。也有的同学说，给他们一次机会。听到告诉班主任，并通知家长，写纸条的两位女同学更加紧张了。

我说，我们的课堂，我们来做主。这几个同学是偶尔为之，我们就不需要告诉班主任和通知家长了吧？同学们鼓掌表示赞成。我接着说，纸条的内容也属个人隐私，老师会尊重同学们，也会尊重同学们的隐私，所以，我不会公布里面的详细内容。但可以告诉大家，写纸条的同学对 look（作连系动词：看起来）活学活用了，可以看得出，写纸条的同学对学到的英语知识有运用的意识，如果能将英语知识运用到正常的日常交际，而不是用错对象，那就是好事了。我接着说，我会尊重同学们，也希望同学们能尊重老师，那在课堂上怎样做才是尊重老师呢？同学们异口同声地说：“认真听讲，不搞小动作，包括不传小纸条。”我说：“OK！”从此以后，我的英语课堂就更加有序了。

作者简介及教育理念：

劳水金，女，1988 年 5 月出生，中共党员，毕业于湛江师范学院，本科学历，英语专业八级，中学英语二级教师，现任教于龙头中学。被评为校优秀教师、坡头区优秀班主任，获坡头区青年教师教学能力大赛二等奖。

教育理念：热爱一个学生等于塑造一个学生，厌恶一个学生无异于毁掉一个学生。

双优班的故事

■ 杨永华

我是一名物理老师，也常常在初二时接手做班主任。那一年，我第一次接手当班主任，一个月下来，每周我们班都被评为双优班，因为每一个违反纪律的同学都会受到惩罚，无人能逃脱我的“魔掌”。没错，开学之初，我就在班里安排了一个卧底，就是成绩最好、责任心最强的小木。他每天放学后都会用微信把违反纪律的同学名单发给我。我这一做法效果很好，校长在大会小会上都会点名表扬我们班，表扬我，我心里美滋滋的。

那天，我如常来到班里，踏进教室的那一刻，我感觉气氛有点儿诡异，背后莫名其妙地感到凉飕飕的。紧接着我上课、提问，居然没有一个学生回答。当我把希望寄托在平时最积极回答问题的小木身上的时候，我留意到一些同学做出了歪嘴、斜眼等动作，甚至还有人发出“嗤”的嘲讽声音。最让我吃惊的是，小木神情惘然，惊慌失措，连坐下来也是战战兢兢的。

这到底怎么啦？难道学生揪出班里的卧底了？我心里一惊，怎么可能？我的计划天衣无缝呀。可是，白天出现的这一幕让我怀疑了！小木是我带过的所有学生中成绩最优秀的，没有之一。可是这个表面看起来阳光灿烂的大男孩却有着一颗脆弱的心。军训的时候，他是全班唯一一个哭着要回家的孩子。想到他的无助、纠结，还有那恐惧的眼神，我的手心全是汗。

凌晨三点多，我收到了他的微信：老师，现在全班都在紧锣密鼓地高调排查“二五仔”，大家都知道是我了，我该怎么办？

我赶紧回复了一篇长长的文字安慰小木，稳定他的情绪，并且心不甘情不愿地终止了这一次失败的行动。

一周过去了，一切似乎已经成为遥远的记忆，但小木仍然形单影只，郁郁寡欢，是我害了他。为了能被评为双优班，我采取了不正当的方法，以镇压式的方法进行管理。虽取得了一时的成效，但这个双优班不是真正的双优班。工作应该怎么做？应该怎样去创建“双优”班？我彻夜未眠，陷入深深的苦思中。

树立榜样，团结力量

“间谍”事件过去了，其过程提醒我：脱离学生，班干部是无法开展工作的。一个班级的班干部要成为大家的榜样，才能带领全班同学一起建立起良好的班风，才能把班级工作搞好，才能让班级成为真正的双优班。于是，我决定为班干部搭建展示的平台，这也该是他们接受考验的时候了。兴趣除了是最好的老师，也是凝聚一个班级的重要纽带。我从学生们都热爱的篮球入手，联系了同年级的班举办了一次篮球比赛。而篮球刚好也是小木的强项。不出我意料，在比赛中小木同学起到了关键的作用，屡屡立下战功。同学们不计前嫌，每当小木投进一个球，就齐齐鼓掌鼓励他。场内的小伙伴们也积极配合，小木似乎变身“大哥哥”，带领着小伙伴们冲锋陷阵。大家纷纷向小木投去敬佩的目光，而小木投三分球的动作，竟一时被大家争相模仿。就这样，小木的威信树立起来了，在班中起了带头作用。同学们对班干部也逐渐信任起来。接着我在班里分了几个学习小组，每一个学习小组都由成绩比较好的班干部带领。在班干部的作用下，大部分成绩处于中游的同学都积极地投入学习中去，学习有了很大的进步。同学们都向班干部看齐，自然也大力支持班干部的工作，班风、学风自然好了起来，为创建双优班打下了坚实的基础。

提高集体荣誉感

在树立班干部成为学习的榜样的同时，我决定兵行险着，每天都将双优班的考核和在学校的排名情况写在我们班的黑板上。这样做有三大好处：第一，能借此警醒全班学生，同时提高同学们的参与感，让每个同学都在乎双优班，在乎集体的荣誉；第二，班干部能根据每天值日领导对本班的考核情况及时调整班务，让班干部有危机感、责任感；第三，让所有的学生都成为班干部，为班级的荣誉贡献力量。这一招取得了良好的效果，班干部得到很好的锻炼，中间层的学生也都热情地投入班级管理中去，那些违反纪律的同学也感受到无处不在的监督力量，如果不认真积极配合，自己都会不好意思，无所适从。这样一来，集体荣誉感增强了，班风也就越来越好了。

增加危机感

双优班评比首先是一个班集体遵守纪律的评价过程。为了提高同学们的危机感，我把评分制度稍做扩充。我制作了一个学生课堂扣分表，谁上课违反纪律，老师就在表格上做出相应的记录。这样，违反纪律的行为被凸显于众人面前，每个学生都紧张起来。古语云，知耻近乎勇。让学生在违反纪律的时候，受到相应的扣分处理，学生自然感觉到羞愧，那他们的上进心也就会随之而生。

每一个班主任都希望自己的班能成为双优班，以此来证明自己工作的成绩。我曾经妄图开展雷厉风行的活动以获得“双优班”称号，却不知扫平的只是表面的枝叶，却伤了筋骨，班级的人心没有凝聚起来，反而人人自危，班集体四分五裂，获得了“双优班”的称号，却不是真正的“双优班”。从那以后，我的思想转变了，方法不同了，班风一天天好起来，同学们也在不断进步，我们充满信心地期待新一次的双优班评比。

作者简介及教育理念：

杨永华，男，1984年12月出生，大学本科学历，中学一级教师，现任教于东岸中学。被评为坡头区教研先进个人、坡头区优秀班主任。获坡头区青年教师技能大赛一等奖、坡头区中小学班主任专业能力大赛二等奖。

教育理念：习与智长，化与心成。

严爱有加　春风化雨

■ 杨叶柳

有人说："班主任是世界上最小的主任。"也有人说："班主任是学校里最苦的岗位。"即使如此，我依然视它如初恋。在我的眼里，班主任既要像一位慈爱的母亲，又该像一位严厉的父亲，严爱有加。

班主任在学生手机管理这个问题上最头痛。我带的这个班，同样需要面对这样的问题。

我首先在学生中强调学校的要求，告诉他们带手机回校违反学校的规定。其次，我多次在班会课上加大宣传力度，告诉同学们，上课时使用手机是不被允许的，被发现了将会受到处罚。

不久，班上有个同学在晚自习时玩手机被值日老师发现并扣下，他很不服气，下了课就去找老师索回，老师当然不同意。第二天早读后，我将他叫到了办公室。谈话中他认识到了自己的错误，也向我讲了他的一些情况。

一番详谈之后，我才了解到，这位学生的父母离异，他跟着妈妈生活。而妈妈又在异地工作，很少回家。为了方便与儿子联系，母亲便给他配了一部手机。结果，他对手机产生了一种依赖。

我让他自行处理好手机。他知道我的用意后便自觉地把手机交给我保管，还向我做了保证。从此，这位学生便不再违反学校这一规定。我想，这便是我这个班主任严爱有加收到的效果吧。

一个班级班风、学风好不好，就看学生在自修课时的表现。

为了抓好自修课的管理，我也像大多数班主任那样，首先向学生宣布自修课的纪律要求，然后安排一位班干部坐在讲台上负责维持纪律。说实话，我是知道这位班干部为难的——自修的过程中，常会有一些小声音。

班干部若管得太严，难免有打小报告之嫌，而这个年龄段的学生是宁可得罪老师也不愿意“出卖”同伴的。但如果任由这些“小声音”存在，哪怕是真的在讨论问题，不用多久，自修课的课堂上就嘈杂一片。怎么办呢？

首先是“堵”。我举行了几次主题班会，再请家长配合，进行教育，再通过个别谈话，让学生们真正理解我的良苦用心，让他们意识到班主任不是在整他们。这样做，收效还是明显的。几位过去无所顾忌地说话的学生，都有不同程度的收敛，全班晚自修的整体纪律有了好转。

其次是“导”。事实上，高中生在学习活动的过程中，离不开彼此之间充分的交流和讨论。交流和讨论能拓宽他们的视野，活跃他们的思维，加强彼此的合作，激发大家学习的热情。因此把同学间的交流、讨论完全“堵”死了，也不行，要给他们一些时间和空间。于是，我又开始了一种尝试——允许学生在自修课下课前十分钟到小房间讨论学习的问题。这就给他们提供了一个讨论、交流的渠道。“堵”和“导”结合起来，自修课的纪律就得到了保证。

在从教的日子里，我时常告诫自己：“干一行就要爱一行，我要对得起这份光辉的职业！”班主任工作中，我就是这样严爱有加地进行管理的。我相信春风化雨，定能使桃李芬芳。

作者简介及教育理念：

杨叶柳，女，1984 年 10 月出生，暨南大学汉语国际教育硕士研究生，中学语文一级教师、心理咨询员、朗诵指导老师，现任教于坡头区第一中学。从教 10 年来，在班级管理中，注重使全班同学形成强大的凝聚力，让每一个同学感到团结与温暖，被评为学校“优秀班主任”。爱写作，爱朗诵，爱生活，爱学生。

教育理念：用师爱为学生营造人性化的班级环境，用人格魅力影响和浸润着每一位学生。

老师，我找到工作了

■ 杨　明

"老师，我找到工作了！我在深圳市宝安区某物流服务公司上班，上深圳记得联系我哦，我请你喝茶……"

这是一条令人兴奋的微信，接收于 2017 年 10 月 23 日上午 10 点 04 分。这是她在接到聘用通知书后第一时间发给我的微信，她叫卢兰凤，一位 2015 年毕业的女学生。

说来也是缘分，卢兰凤同学高中三年都在我的班。她听话、懂事，家里还有两个弟弟在读初中和小学。她曾因家境贫困而产生辍学的念头，在我的多次劝说、悉心关怀与教导下，她坚强地念完高中。毕业后，她考上了江门一所职业大专。如今，她终于找到了第一份工作，实现了挣钱养家、供弟弟读书的愿望。

记忆中 2012 年 9 月 1 日那天，刚当上教师的我一大早便怀着好奇和激动的心情来到教学楼一楼看望新生。那天下着蒙蒙细雨，地面湿漉漉的，领书处排着长长的队伍。

将到中午，我转身准备回宿舍的一刹那，发现有位娇小的女孩蹲在那潮湿的阶梯上饮泣。我匆匆走到了她身旁，低声问道："你好，怎么啦？"她脆弱地回答我："我还没缴学费。""你是哪个班的？""高……高一(16) 班。"她斜看了我一眼。从她的话音里，我感觉到她的无助。"哈？原来是我班的学生呀！"我心里默念。几番询问，我才得知，她还没注册，父母在海口打工，家里只有奶奶在。我二话不说，走到了领书处，找到相关负责人开了张保证单（两周内保证注册），我一定要帮我的学生领到书，好让她重新回到课堂中去。就这样，这位娇小可爱的小女生给我留下了深刻的印象。

此后，每次我上课，她都听得特别认真，课后也时常来办公室向我问物理问题。整个高一的学习生涯中，我看到了她无比珍惜读书的机会，她是班里最勤奋的一个，虽然成绩不是那么好。她的好学，让我感受到一种渴望读书改变命运的满腔热情。

2015 年的春天，也就是高三下学期，距离高考还有两个多月，在如此紧张的复习阶段，一切与高考无关的包袱都得放下，每一位学生都在紧张地追梦。一天晚读后，她径直来到办公室找到我说："老……老师，我不想读书了。""什……什么？不想读书了？为什么你会有这种想法？"我问。原来，她爸爸妈妈在海南打工，妈妈身体一直不好，经常求医吃药，今年爸爸在工地上不小心摔伤了腰，一直在住院，家庭贫困的她看到如此遭遇便产生了放弃读书的念头。看着一边流着泪水一边断断续续说话的她，我一下子不知所措，同情之外我不知道说什么话来安慰她，毕竟这样的情景我还是第一次遇到。记得那天晚上我一直待在办公室和她聊天，以化解她心中的忧伤，想挽回她曾经发奋要坚持读书的初衷。我说："对你父母的不幸，我和你一样，十分难过。现在你也不能去改变什么，因为你还没有赚钱的能力。要从根本上改变家庭贫穷的面貌，就是积极复习，参加今年的高考，考上理想的大学，将来找个好工作。这是给父母最好的回报。"那天晚上，天气还有些凉，校园里的路灯静静地亮着。夜深了，办公室的灯光还没有熄灭，我和她的对话在继续着。

在临近高考的两个多月里，我时常找她聊天，以排解她的忧伤，稳定她的情绪，坚定她继续求学完成学业的决心。班会课上，我还时常列举出许许多多的励志故事来打动她，目的只有一个，就是让她顺利参加完高考。功夫不负有心人。6 月 7 日那一天，她满怀信心地走进考场。7 月 25 日，她领到了江门职业技术学院的录取通知书。那天，她高兴得涌出了激动的泪水。

时间过得真快，转眼间到了 2017 年秋天，她毕业了，并顺利地找到了工作，于是有了文章开头的微信。

如今，兰凤同学工作积极上进，更加懂事了。每逢周末她都给家里打电话，不断教育正在读高三的表弟，要好好珍惜读书的机会，因为读书才有出路，才能改变命运。

写到这里，我的眼睛不禁湿润了。我时常在想，教育究竟是为了什么？不就是“教书育人”吗？教书育人，看似简单轻松的工作，却需要教师长期的关爱与付出。

作者简介及教育理念：

杨明，男，1987 年 11 月出生，中共党员，本科学历，中学二级教师，现任教于爱周中学。是湛江市物理骨干教师、湛江市青少年科技创新大赛优秀辅导员、湛江市青少年航空航模大赛优秀指导老师。2015 年创立教学微信公众号“杨凯帆工作室”。

教育理念：保持用心教学的惯性，凭借信心克服阻力，必能冲上三尺讲台的最高处！

藏在厕所里的秘密

■ 陆木生

也许，每个人都会藏着无人知晓的秘密，或在心里，或在笔尖。

我还很清晰地记得那个星期二的上午，六月的天空一碧万顷，如同新生儿的眼睛一样明澈。早读跟班后，肚子突然一阵闷痛，我想，应该是早上吃的早餐不卫生，要拉肚子了。怎么办？看来得到学校的公厕去蹲一蹲了。

学校公厕的坑位是那种用一米高的墙简单分隔而成的，坑位没有门扇。我走进公厕，随手把手机和钥匙往墙头一放，目光向前一瞥，发现前面一个蹲坑里一个男孩捧着书蹲在那里看。我心头不禁一热，这年头爱读书的孩子太少了，蹲茅坑还看书，真难得，我真有种回到自己读书年代的感觉。不一会儿，那边有了动静，只听见他把书往墙头一放，看样子是完事了。我也差不多了，正好看看这个孩子是谁，得表扬表扬他，我心想。我站了起来，往墙头一看。哎呀，不堪入目的封面，淫秽至极的标题，这是一本不折不扣的黄书，一种毒害青少年的污秽刊物。我的心犹如从三万英尺的高空直接坠入谷底。这时那个男孩也站了起来，我一看，居然是我班的尖子生庞某。我的心仿佛被高压电击中，瞬间碳化。庞某也发现了我这个班主任，愣了一下，张开的嘴巴还没有来得及叫出那句“老师好”，就惊慌失措地抓起书，撒腿跑了。厕所里只剩下呆若木鸡的我。

顿时，我火冒三丈，恶狠狠地想，好你个庞某！这段时间经常说肚子痛请假上厕所，原来是躲在这里看黄书，亏我还对你嘘寒问暖，你这样做对得起我这个班主任吗？我越想越气。好，等一下上课我要好好地教训你一顿。我要在全班同学的面前让你原形毕露，让大家看清楚你是一个怎样的人。这样还不够，我还要打电话教训教训家长，问问他是怎样教孩子的，最好也让他训斥孩子一顿，而且要保证以后不能再犯。想到这里，我心里才稍微解气。唉，不对！庞某的家长脾气暴躁是出了名的，如果我告诉他，他一定会揍孩子一顿，这样教育的效果不是适得其反吗？再说，如果我在班上或者在家长面前揭穿这个秘密，会不会伤了他的自尊心呢？他可能从此再也抬不起头，成绩也会一落千丈，这是我教育的初衷吗？这样做和我教育的目的不是背道而驰吗？

恍惚间，第二节课的上课铃响了。我还没有想好应对的办法，就要上课面对他—— 一个上课期间躲在厕所里看黄书的学生。我硬着头皮向教室里走去，故作镇静，好像什么也没有发生就开始授课。上课期间，庞某一直耷拉着脑袋，一副萎靡不振的样子，偶尔抬起头来，一发现我在看他，马上躲避我的目光，不敢和我对视，像一只被猎人追捕的兔子，惊魂不定，四处逃窜。我看在眼里，痛在心上，看来装作若无其事也不是办法，还是提一个问题让他回答，先稳定他的情绪再说吧。"这个问题你来回答吧，庞某。"我轻声地说。他听到我叫他的名字，先是一愣，然后慌慌张张地站起来，吞吞吐吐地说："我，我已经把书扔掉了。"他答非所问，引起全班同学哄堂大笑，他更是难堪至极。我本来是想通过让他回答问题，缓缓他紧张的情绪，没想到他还沉溺在这件事上，没有缓过神来。我急中生智，说："你是说把老师借给你看的书丢掉了？没关系，一本书丢了就丢了，不必放在心上，明天老师再借一本给你看，好好听课，请坐。"他感激地点了点头，缓缓地坐了下来。我接着说："庞某同学非常喜欢读书，经常到我这儿借书看，同学们要学习他这种读书精神。可是同学们应该读什么书？应该如何去选择书呢？这个问题很值得我们去思考。我认为现阶段大家应该去读些名著，读些经典。这些书和某些畅销书不一样，它不会去讨好你，引诱你去读，但却能给你精神上的慰藉，让你产生共鸣，给你美的享受。多读读这些书吧，千万不能读那些不健康的淫秽读物。明天，我打算用一节课的时间让大家分享读名著经典的心得体会，交流交流你们都读了些什么书，大家愿意吗？""愿意！"全班同学的喊声响彻整个教室，其中也包括庞某的声音，我看到了他脸上绽开了笑容，像划开满天乌云投射到地面的第一束阳光。

第二天，名著阅读交流会"智者的选择"如期举行，同学们纷纷介绍自己读过的经典名著。庞某也与同学们分享了自己阅读《钢铁是怎样炼成的》的心得体会。我在会上赠给他一本《少年维特之烦恼》，并嘱咐他要

"好读书，读好书"。他郑重地点了点头。一周后的星期一，我组织了"青春期的少男少女"主题班会，给孩子们普及青少年青春期性知识，让他们在青春萌动的时期不至于因无知而误入歧途。

一段时间后，庞某来级组办公室对我说："陆老师，谢谢您，谢谢您替我保守这个秘密。"我语重心长地说："那天所发生的一切，在你转身跑开的一瞬间，已经随下水道冲入地下，消失得无影无踪，成了无人知晓的秘密。只要你认真学习，学会做人，其他的不必介怀。"

仓央嘉措诗曰："一个人需要隐藏多少秘密，才能巧妙地度过一生。"有些伤痛，何可言，何能言，何处言，何时言；有些秘密，不可说，不能说，不必说，不须说。诚然，大多数的时候学生们需要一个苦口婆心、循循善诱的良师；有时，他们也需要一个像朋友一样能替他们保守秘密的"友师"。恰巧，我遇到了一回，也扮演了一回。

作者简介及教育理念：

陆木生，男，1979年11月出生，本科学历，湛江市初中语文学科骨干教师，初中语文一级教师，现任教于龙头中学。从教20年来，热衷于学习新的教育教学方法并运用到自己的教育教学实践中。中考备考经验较丰富，多次参加各种教育教学竞赛。

教育理念：让心灵感受心灵，以情感赢得情感。

精诚所至　金石为开

■ 吴训庭

时间回到四年前的秋天，我又被学校安排当班主任，接手的是一个新的班。据说这个班情况还不错，只是有一个调皮大王特别难对付，他的名字叫小宇，如果把这位同学教育好了，这个班就有望成为学校的文明班。

但是，现实很残酷。我天天听到科任老师的投诉：这样一位学生，根本就不是来读书的，让他回去算了。我每次听完科任老师的投诉之后，就立即找他谈话。开始的时候，他还听得进去一点儿，安静地听了几天课。可是好景不长，没过几天，他就故态复萌了，让我特别头疼。我开始动摇了，心想，打电话让家长带他回去算了。可是我这种想法刚冒出来，另一种想法就在我的脑海里汹涌。难道因为学生的成绩差，纪律性不够强，就不该得到尊重了吗？他也是我的学生啊，师者父母心，我不能有这样的想法。我开始反思，我了解他吗？他的真实想法是什么？他读小学时的表现不是这样子的，他的家庭情况如何呢？这些我全然不知。既然不知，匆忙给一个学生扣帽子行吗？我的冷静反思，让我理智地做出判断，我得进入他的内心世界，好对症下药。

我再次找到他，这一回是在他的家中。原来他家里只有他一个人，父亲入狱，母亲在外地打工，很少回家，而且教育他的方法也不当，打电话回家只问成绩，不关心他的冷暖，他很抗拒他的母亲。我了解情况后，对他充满同情。我温柔地跟他谈心，我说："小宇，你并不差，同学们都认为你够义气，而且你的画画得挺好的，说不定有一天你会为我们班争光呢……"他听了我的话之后，低下了头，眼睛里闪出了一点泪花。我知道他已经被我的话感动了，他对我的态度也改变了，能接受我的批评。此后，他纪律性变强了，学习也认真了许多。他有做得不对的地方，我批评他，他也没流露出不满的情绪，而是马上表态愿意改正。我平时也很关心他，天气变化的时候，我会提醒他注意身体，当他成绩下降的时候，我会给他补课，鞭策他努力学习，迎头赶上。在我的鼓励下，他在不断地进步，第一个学期期末统考，他破天荒地进入了全级的前二十名。所有科任老师，没有一个不说，小宇变化太大了。后来，在学校的墙报评比中，我们七（1）班获得了第一名。小宇同学参与其中，他画的画很漂亮，得到评委的称赞。小宇同学的转变，使全班班风大为好转，同学们各科成绩有了很大的提高。

小宇同学的进步，让我深深体会到：育人工作，精诚所至，金石为开。

作者简介及教育理念：

吴训庭，男，1970年6月出生，中共党员，本科学历，初中语文高级教师，现任教于乾塘中学。从教24年来，担任班主任18年，语文科组长2年，现任教导处副主任。班级管理成功有效，所带班级年年获得“文明班”或“先进班集体”称号。曾被评为坡头区优秀教师、坡头区中考先进个人。

教育理念：爱是教育的润滑剂，没有爱的感化，一切教育工作都收效甚微。

尊重和善待每一位学生

■ 李运崔

我很荣幸，因为我从事的是太阳底下最光辉的事业。更幸运的是，从教19年来，我担任班主任工作17年。17年的班主任生涯，有辛酸，有喜悦，有成功，有失败，有诸多说不完的故事。

那是我接任初二（5）班班主任的时候，我十分紧张，因为我早就对这个班集体有所耳闻，再加上我个子比较矮小，班上不少男生个子比我高大，我十分担心学生不接纳我这个新班主任。到任后，我发现全班60名学生，个个性格不同，全班整体成绩较差，没有凝聚力，纪律涣散，学风不好，情况不乐观。面对这个班，说实话，开初我真没有信心，说“爱生”容易，但是真正做起来却非常不容易。有时，班主任一个责备的眼神或是一个不冷静的动作，都会在师生之间建起一道心灵的屏障。我冷静下来，认真考虑，能“变废为宝”才是真本事，我何不让60朵不同的鲜花，展现出与众不同的风采呢？

在确定了这个想法之后，我开始想办法改变全班的学习状态。我制定出了正直、智慧、善良、健康的育人目标。我们这个班大多数老师对此并不看好，学生们也是破罐子破摔，得不到老师的夸赞与鼓励。因此，我就决定先帮助学生们树立信心。我利用学校举办朗读比赛的机会，找来在班上比较有号召力、比较能折腾的A同学，鼓励他积极准备，勇敢参赛。在我的鼓动下，每天放学后他都会主动留下来向我讨教朗读技巧，全身心投入比赛的准备之中。这时，我也发现了我们班的一些变化，由于A同学专心准备比赛了，少了一个折腾的人，班上秩序也好了不少。最后，这位男同学取得了朗诵比赛第三名的好成绩，全班都高兴得跳起来。我毫不吝啬对他的夸赞，同时我趁热打铁地说，我们班同学并不差，只要努力学习，我们也能取得好成绩。这次比赛的成功，大大提高了全班同学的自信心，我制定的目标一步步在实现。

在我的班主任工作中，还遇到过这样一件事。班里有一位 B 同学，性格较内向，平日在班里不怎么说话，每次都能按时交作业。但是临近学期末的时候，作业的难度越来越大，有任课教师就向我反映，这位女同学最近作业经常交不全，并且错误率也较高。听说了这些情况，我第一时间将她的同桌叫到办公室，向她了解情况。接着，我又将这位女同学叫到办公室和她谈话。一开始她比较害羞，吞吞吐吐的不愿与我交谈，我耐心地开导她，请她相信我是在真心实意地帮助她。这样，她才告诉我实情。原来，班里好多同学在周六周日都参加了校外补习班学习，自己父母亲文化水平不高，辅导不了自己，自己小学时基础也不扎实，加上家庭经济条件也不是很好，无法让她参加补习班学习，后期的学习困难大，自己感到比较吃力，所以慢慢出现懒散行为，上课时注意力也开始不集中，作业也拖欠了。了解到这个情况后，我首先为她制定了“高而可攀”的学习目标，然后多次进行家访，请家长多关注她；同时，课余时间主动为她补习功课，还将她的情况告诉任课老师，请每位老师都为她制订合理的学习计划。一学期下来，她的学习习惯与态度发生了明显的转变，慢慢地也赶上了学习进度，成绩也得到了提升。得知女儿有了进步，家长很高兴，多次诚心诚意地感谢我。

一分耕耘，一分收获。17 年的班主任工作经历，让我收获多多，教育故事的内容也越来越丰富。让我们一切为了学生，无悔地奉献自己的青春吧！

作者简介及教育理念：

李运崔，男，1998 年 7 月毕业于湛江师范学院，中共党员，初中数学一级教师。现任教于米稔中学，担任班主任 18 年。先后被评为“湛江市初中数学骨干教师”“湛江市中考先进个人”“坡头区优秀班主任”，获“全国初中数学联赛优秀辅导员奖”。

教育理念：爱岗敬业，做一名优秀教师。

意料之外　情理之中

■ 张坤林

这是一所农村初中，实行的是均衡教育，所以没有什么重点班或普通班。每个班的情况几乎都是：学生基础差，思想不一。

我进入这所学校已经三年，任教物理。除了第一年担任初二的班主任，之后我一直都在担任初三的班主任，也就是接手初二班主任递上来的活儿。这样，难题就是要重新了解班里的学生，同样，学生也要重新认识新的班主任。

这个故事的主人公就是一个叫小荣的学生，一个典型的学困生！其实前两年，他还在读初一的时候，关于他的“英雄事迹”，我就略有耳闻了。打架、顶撞老师、爬围墙、上课捣乱是他日常常做之事。另外，他跟初一年级、初二年级的班主任关系都不太好，他的家长也对历任班主任有些意见。

我和他的故事就在这样的背景下开始了……

开学前，我正忙着给学生注册，学生们排着长长的队伍……

他来了，染着金发，穿着拖鞋走进办公室，挤到队伍最前面，甩出一本红色的学生手册，说：“听说你是我的班主任？快给老子注册！”

虽然我没有见过他，可听这口气，我断定，这是小荣。我没有立刻回应他。我先给一个学生办了手续，然后不慌不忙地说：“这位同学，麻烦你和其他同学一起，排队吧。”当然，他没有动，依然站在那里，但是用很诧异的眼神看着我，好像在说，你不认识我吗？

我接过下一位学生的学生手册，然后看着他微笑地说：“这位同学，真的不好意思哦，你看，他们排了很久了，都站累了呢。你先到后面排队去好吗？”

我想他此时应该很不安，这不应该是他预想的场面啊。或许，他预想的场面应该是，我大声而严厉地说，你就是传说中的小荣吧，你先不要注册，等德育处同意了再过来！他要经历的应该是德育处、家长还有班主任的严厉批评教育。

我接过他的学生手册，微笑着说："学生手册可以放在这里，你先到后面排队吧。"他还是看着我，迟疑了一下，然后慢慢地走到了队伍后面安静地站着。我想，这应该也是好的开始吧，起码他排队了。

终于轮到他了。他非常诧异，没想到我没有为难他，而是直接给他注册了。

因为他是最后一个，给他注册后我就走出了办公室。我看到了他的家长正在对面的树荫下等着他。我走过去和他的家长打招呼，并表明了我的身份。感觉他的家长对我的态度不错，也许是因为我这个班主任没有为难他吧。在树荫下，我们交流了很久，我向他了解小荣，并说了我的看法：我不管他以前怎么样，我只希望他进入初三后重新来过。他的家长很是感激，也表示愿意配合。

第二天早上，小荣很早就来到了教室，整齐的平头短发，崭新的运动鞋，很精神。我想，或许这应该是他家长昨天强迫他整理的形象吧。

开学典礼，学校团委要我在班中找个学生代表发言。往年，学生代表一般是由品学兼优的学生来担当。这一次，我想了想，就找到小荣，试探一下他的态度。他很惊讶，好奇我为什么会找他做学生代表发言。不过他没有马上拒绝，而是若有所思。我知道，初中男生是最喜欢表现自己的，作为学生代表发言可是一个难得的在全校师生面前表现的机会啊，他肯定心动了。然后，我又说："这样吧，我帮你拟个稿子，到时你大胆上去讲就行了。"他沉默了一下，然后小声地说："我试试看。"

我认真地为他写好了发言稿，内容大致是从一个学困生的角度，表示进入初三学年后，决心改正过去的缺点，努力学习，争取考上好的高中。他看了内容，表示同意。我知道他要的是表现机会，而并非按内容所说的真心悔改。当然，因为是开学典礼，我不想让他在那么隆重的场面上出丑，所以我让他认真熟悉讲话稿，认真演练。他也很珍惜这次机会，私底下在我的面前演练了很多遍……

开学典礼开始了，当他作为学生代表走上讲台的时候，全校师生都惊呆了，校长的脸色也变得凝重。台下，师生们议论纷纷，甚至有的学生开始起哄。他没有怯场，作为学校的“大哥大”，这样的场面他应该见多了。他老练地清了一下嗓子，开始发言。

他讲得很精彩，当他最后一句话刚落下，台下便响起了从未有过的热烈掌声。校长也松了口气，好像心里的石头终于落地了似的，也微笑着鼓起掌来……

说也奇怪，从那以后，他好像变了个人似的：每天回校都穿戴得很整齐，也不再闹事了，渐渐地上课开始做笔记……更奇怪的是，学校里有好几个像他那样调皮捣蛋的学生也慢慢地安分下来了。

我很想把他的变化告诉他的家长，但是他的家长一直都不肯接我的电话。其实，我也明白他为什么不愿意接班主任的电话。后来，我借用其他老师的手机拨打过去，他才终于接了。当我表明身份后，他的第一反应就是很紧张也很无奈，第一句话就是：“他又犯什么事了？”我笑了笑说“没事”，然后把小荣最近在学校的变化如实告诉了他。他顿时很激动，也许流下了热泪。听说他后来对小荣很好，还整天在村子里讲小荣的事迹……

一个月后，第一次月测，他的成绩从原来垫底的位置上升了 20 位左右……

或许，演讲之后的几个星期他会有种骑虎难下的感觉吧，也许他后悔过当初就不应该上去出风头。但没办法了，因为从那天之后，全校师生都在看着他……事已至此，他也许只能硬着头皮走下去了。但慢慢地，一切就成了习惯，成了自然。

光阴荏苒，又到中考成绩放榜时。意料之中的结局，他没有考上重点中学，但很顺利地进入了一所他喜欢的高中——爱周中学。

对于这位学生的转变，很多教师都觉得是意料之外，但我觉得是情理之中。因为自始至终我都没有放弃过他。我认为，作为教师，我们对每一个问题学生都要抱着医者的心态，不要轻易判断病情，不能轻易下药，更不能放弃治疗。我们要善于发现学生的闪光点，少点儿批评，多点儿赏识。当我们深入了解学生后，会很容易发现，他们的很多不可思议的行为，其实都是那么理所当然，他们只是单纯地为了彰显自己的独特性。特别是成绩差的学生，他们因为无法在学业上得到应有的成就感，就会想办法做出一些常人无法做到的“坏事”来引起周围同学的注意，特别是异性同学的注意。

俗话说“天生我材必有用”，只要我们善于发现，每一个学生就必定有他的过人之处。当我们找到了学生的亮点之后，从他的亮点出发，进行赏识教育，收效可能比严厉的批评好上一万倍，甚至还可以提高他的自信心，使他在人生的道路上向正确的方向走去。

作者简介及教育理念：

张坤林，男，1981年9月出生，湛江师范学院物理学本科毕业，中学数学一级教师，现任教于乾塘中学。是湛江市中小学名班主任王小凤工作室成员、湛江市中小学名教师袁勇工作室成员，被评为坡头区优秀教师。

教育理念：赏识教育，合作共赢。

意外出现的彩虹

■ 张柳清

课堂上我们常常会遇到很多偶发事件，我们如能运用教育机智，不但能平息风波，还能收获意想不到的教育效果。

那是一节习作点评课，我像往常一样组织学生对一周来的习作进行互评推荐，评出“最佳习作奖”，然后请获奖的小作者上台朗读。班中素有“小作家”之称的张颖同学写了一篇《我的朋友》，获得了“最佳习作奖”。她大大方方地走上讲台，饱含深情地朗读着自己的习作，同学们正全神贯注地倾听着，突然“噗——”的一个响屁打破了教室的宁静，顿时笑声像炸了锅似的沸沸扬扬，不可抑制。张颖同学的脸唰地变得通红，她捂着脸跑回座位上，把头深深地埋进臂弯里。我刚想说点儿什么控制这场面，可又一想，即使我平息了教室的喧闹，也无法解除一个五年级女孩此时的难堪呀。于是，我改变了策略，马上转过身拿起粉笔在黑板上写道：“都是老师惹的祸，真对不起，我那不是时候的‘插曲’影响了张颖同学的朗读，扰乱了正常的习作点评活动。”字刚写完，笑声就停了。我听到同学们在窃窃私语：“原来是老师呀！”我想，点评活动一时是进行不下去了，倒不如趁机来个小练笔。于是我说：“同学们，请大家拿起笔来对刚才的事情写上三言两语吧。”

“沙沙”的写字声代替了零落的浅笑声。几分钟后，我请大家当堂展示自己写的片段，有的写“老师，您真坦诚”，夸我勇于承认，不虚伪；有的写“老师，您也不是故意的”，对我的“丑行”表示谅解，并责备同学们不该发笑，使我难堪……

孩子们在写作时虽然还是忍俊不禁，但字字句句都发自真心，令人感动。

放学后，张颖同学悄悄地把她写的作文塞给我。我到了办公室看到了她写的文字："……老师，我不知道要怎么感谢您，您为了我的自尊，居然不顾自己的面子去承担那个糟糕的'插曲'。老师，您蒙冤了，我一千次、一万次地感谢您……"

老师的爱就是那一缕阳光，可以使坚冰融化；老师的爱就是那一场春雨，可以使枯草发芽。只要老师心中充满爱，老师的机智就是一根魔术棒，就能点石成金。当我们懂得爱孩子的时候，就会出现教育的彩虹。

作者简介及教育理念：

张柳清，女，1979年2月出生，中共党员，本科学历，小学一级教师，现任麻斜街道中心小学副校长。爱岗敬业，勤于探索，大胆创新，教学效果显著。先后被评为湛江市优秀教师、坡头区优秀教师、坡头区优秀教育工作者、坡头区优秀党员、坡头区"争先创优十大青年岗位标兵"、坡头区"教研积极分子"。

教育理念：只要老师心中充满爱，老师的机智就是一根魔术棒，就能点石成金。

从问题中收获成长的幸福

■ 杜娟娟

我很幸运我是一名教师，更幸运从教以来，我一直都担任班主任工作。班主任工作让我与学生走得更近，让我成长的故事里有那么多鲜活的人物，让我收获感动与幸福。

两年前，我又遇到了一个问题：那时我班有42名学生，其中有7名来自单亲家庭。这7名学生的性格和行为举止都出现了不同程度的问题，其中有一个叫小阳的学生，给我留下了深刻的印象。

当时我是中途接手他所在的八（2）班的。为了全面了解每一个学生，我制作了一张家庭情况表让学生填写。我发现有一张表在“父母情况”一栏里，写着一个大大的“无”字，后面还加了三个叹号。这三个叹号重重地撞击着我的心！同时又有一个问号出现在我的脑海里：难道他是孤儿？我决定对这个特殊的孩子进行更深入的调查了解。经了解，这个学生不是孤儿，只是他父母在他小学三年级的时候就离异了。当年法院把他判给父亲，结果五年来，他父亲长年在外打工，对他不闻不问，没有尽过责任。他只好跟着母亲生活，而母亲再嫁之后又生了两个孩子，也没时间管教他，还因他在学校总是惹麻烦而讨厌他。

在了解了这位学生的基本情况后，我决定先跟他谈谈，我连腹稿都打好了。没想到，最后我感动了自己，却没法打动他。整个谈话期间，他一言不发，被我问急了，只是不耐烦地摇摇头，拒绝回答。很明显，第一次谈话以失败告终，我非常失落。在失落之余我进行了反思：这样的孩子，仅靠好言相劝是不能解开他的心锁的，需要深入他的心灵，了解问题行为背后的深层原因，才能解开他的心结。一把钥匙开一把锁，爱的缺失必须用爱来补偿，逆反的心理必须用爱来扭转。然而，他拒绝进行面对面的语言沟通，那还有什么办法让他接受沟通呢？

我想起了周记。那时为了更好地拉近与学生的距离，我让学生每周写一篇周记，内容不定，文字不限，但要求内容真实。很多学生就选择在这里跟我说悄悄话。那次收到周记时，我第一时间去找小阳的周记，发现他并没有交。于是，我去小卖部买了个精美的本子，在本子的封面，写上了他的名字，在第一页，给他写了一封信。我批阅完其他同学的周记后，就把这个本子夹在全班周记里面，让组长发回去。当然，小阳看到了我给他写的信。第二周，又到收周记的时候，我惊喜地发现，小阳同学给我回了信，虽然只有短短的四个字：我知道了。于是，我接着给他写第二封、第三封、第四封信，终于写到第五封信的时候，他开始愿意跟我说话了。那一次，他写了大约 200 字，说了那周他在学校的生活情况和目前的烦恼。就这样，两个月后，他慢慢地跟我敞开心扉，说了对于他家庭的想法，甚至他的梦想。

但问题又来了：通过周记我知道了原来他打架、逃课就是为了让学校出面叫父母来找他。虽然每次都是母亲过来，但也只有那个时候，家长才会把注意力集中在他身上。当他见到母亲咬牙切齿的样子，听到父亲在电话那头咆哮的声音，他竟然觉得很解恨。原来他与父母的关系是如此的僵硬！于是，我又开始想办法让他重新接受父母。我一边多次与他父母进行电话联系，甚至去家访，做家长的思想工作，让他们多关注孩子，一边帮助他面对目前的处境，调节好心态。正巧那段时间学校开了个关于感恩的演讲会，请了很多家长过来与孩子一起聆听，小阳选择叫爸爸过来。本来他父亲还想用工作忙做理由推辞不来，后经我与他父亲积极沟通，最后他父亲答应来了。那次演讲会，在演讲者煽情的语言描述下，这对父子各自进行了反思。当演讲大会到了一个亲子互动的环节，小阳握着父亲的手，认真端详父亲的模样时，他们父子俩都流下了泪水。我坚信，这是他们僵硬关系破冰的开始。

有一次，他在周记里跟我说他不喜欢这个班，因为大家很排斥他。对这个问题，我吸取了上次单纯说教无效的教训，不坚持劝他融入这个集体，而是让其他同学理解和信任他，就像我理解和信任他一样。那怎样才能做到这样呢？我决定召开一次“成长故事”的主题班会。征得小阳和其他几位同学的同意后，我挑了一些学生的周记以及我的回复读给大家听。

这节班会后，我发现了一个细微的变化：大家更深入了解了小阳同学并对他更加包容了。

我还在他的周记里发现他特别喜欢画画，我就联系了学校的美术老师，让他加入学校的朝阳板画社，利用课余时间进行创作。在那里，他获得了大大的成就感，因为他的作品得到了老师和同学的肯定，他的一幅作品至今还挂在学校的宣传栏里。

在他们毕业前一晚，我还收到小阳交来的周记，里面只有几个字，但足以让我感动。他写道："老师，这是最后一篇周记，谢谢你！"有人说，教育就是一个灵魂唤醒另一个灵魂的过程。在这个过程中，正如朱永新老师所说的：我们需要足够的耐心，加上足够的爱，才能让一颗冻僵的心灵逐渐被滋润，逐渐被温暖。其实，在这个过程中，收获的不仅是学生，我也收获了成长的幸福！

作者简介及教育理念：

杜娟娟，女，1990年6月出生，大学本科学历，初中历史二级教师，2013年至今任教于上圩中学。在教学中用鼓励和支持的态度唤醒学生的求知欲。

教育理念：教学的艺术不在于传授本领，而在于激励、唤醒、鼓舞。

我的教育小故事

■ 招美霞

小树苗，只有在阳光的照耀下才能茁壮成长。我们的学生就像那树苗，无论他是“优等生”还是“差生”，都渴望教师给他一片“阳光”，以便健康地成长。

那是一节让我至今都难以忘怀的英语课。

那天早上，我像平时一样，提前来到教室，等待上课铃声响起。上课了，我发现一个男孩还在嘻嘻哈哈地笑着、玩着，这个孩子就是一个“差生”。我强调说“请同学们坐端正，并把用具准备好”，而且故意把这句话的语气说得很重。但是，他依然没有反应。这时，恰巧上课铃声响了。所以，我也没再去说这个孩子。但是，在上课的过程中，他的注意力非常不集中，还打扰别的同学听课。

“怎么能这样呢？这不是在扰乱课堂秩序吗？我一定要去制止。”我这样想着。刚想走向他，我马上又停住了。我不可以直接去说这个孩子，这样对孩子的自尊是一种很大的伤害。但是，如果我不制止又难以正常上课，该怎么办呢？此时，我脑子一动，想到这节课学习的内容，需要孩子们来做动作。那我何不让他来为大家做示范呢？这样既不会让他扰乱课堂，又能把他带回到课堂上来。

我把那个所谓的“差生”叫到教室前面，让他为大家做示范。在他做示范的时候，我很吃惊，他没有了往日的调皮，而是变得特别认真，真的让我好惊讶。原来他也是一个认真的孩子。也许，是我平时太疏忽他了。所以，当他做完示范的时候，我肯定了他，而且给了他鼓励。我看到他面带笑容回到了座位上。之后，他没有再搞小动作，而是把书拿了出来，坐得端端正正的，真让我感动。原来他也是一个乖孩子，也可以在课堂上表现得这么好，只是以前，他没有这样的机会而已。过后，我一直在想，幸好当我看到他调皮的那一刻没有去呵斥他，而是换了一种方式，保护了他的自尊心，让他在课堂上有表现的机会。

从那以后，课堂上，我尽量多给他表现的机会，同时，也把更多的机会给了所谓的“差生”。我发现这些孩子们在课堂上和以前的表现真的不一样了，他们不再像往常那样调皮，而是想着如何才能完成我交给的任务，如何才能更好地解决我提出的问题。听课的状态也完全不一样了。

我真的好高兴，孩子们可以这样努力地学习，尤其是那些所谓的“差生”。我给的机会，就是孩子们心中的阳光。孩子在自己的天空中，得到更多的阳光，就会感到更多的温暖。这一缕缕看似不起眼的阳光，对我们的孩子来说，真是太珍贵了。

让我们多给孩子们一份关注，多给孩子们一片阳光吧。让孩子们在温暖阳光的照耀下，更加健康地成长吧！

作者简介及教育理念：

招美霞，女，中共预备党员，大学本科学历，小学英语二级教师，现任教于龙头镇冠中小学。从教10余年，一直深受学生的喜爱、家长的信任，多次被评为优秀教师。

教育理念：热爱教育，热爱学生。只有爱中有严，严中有爱，才能在教学的过程中收到育人的效果。

“丑小鸭”的蜕变

■ 招燕华

成功之花，人们往往惊羡它现时的明艳，然而当初，它的芽儿却浸透了奋斗的泪泉，洒满了牺牲的血雨。

——题记

白驹过隙，一转眼23年过去了。往事的每个片段不时冲击着我的思绪，留给我许多感动的余味——学生的改变、进步、成长就是为人师的幸福与成功。

2013年9月，我刚接手四（1）班。有一天，我在教室讲台上批阅试卷，孩子们围着我，争看自己的分数。这时，班里一个女孩也从座位上走到讲台，也想凑凑热闹。令我惊奇的一幕发生了：在我眼前，孩子们不约而同地捂着鼻子，迅速走开了，讲台上只剩下我和她。我看着她，她也看着我，四目相对，她那双迷茫、不解和求助的眼神，瞬间触动了我的心弦。孩子们的异常举动引起我的注意。经了解，这孩子叫陈媛美，河南人，长得不错，还写得一手好字，成绩一般。但班里的孩子都嫌弃她，嫌她邋遢，嫌她身上有一股不好的味道。小组合作时都不愿意跟她同组，也没有学生愿意跟她坐，更不要说跟她玩了。眼前的她，身上的衣服你看不到它的原色，脏兮兮的，脖子上一圈圈的污垢，头发凌乱难闻，看着令人心酸，难怪没人跟她交朋友。面对这一情况，我决定尽力帮她去掉“垃圾婆”的绰号，恢复她正常的心理，塑造一个健康向上的小陈。于是，我有意让她帮我拿试卷去办公室，借机和她聊天，寻找她身有臭味的原因。原来她家是收废品的，生活环境较差，家人卫生意识也差。她妈为了节省水费，节约开支，规定孩子几天才能洗澡一次，衣服一穿就是好几天。了解情况后，我找到她妈妈，和她谈不讲卫生的害处。在我苦口婆心的劝说下，小陈的妈妈想通了，答应配合我共同教育好孩子。我又在班里面教育孩子们要珍惜同学间的友谊，在生活上、学习上、精神上要互相关心，一起成长。同时，我抽时间多到小陈家，和小陈妈妈交流，希望她多关心孩子的成长，帮助孩子养成讲究卫生的好习惯。私下里，我又叫几位女同学主动接近她，关心她，引导她养成讲究个人卫生的习惯。我又注意培养她为集体做事，多赞赏她。这样，我发现她这只"丑小鸭"在慢慢蜕变了，她注意个人卫生了，人变得活泼、自信了，还能积极举手发言，成绩也开始稳步提升，同学们也不嫌弃她了，"垃圾婆"这个绰号也慢慢在同学中消失了。很多老师一见到我，就夸她进步大。学期结束，她被全班一致推选为"显著进步生"。

再后来，我推荐她当班里的宣传委员，她非常争气，我交给她工作，她一丝不苟地完成。后来我又推荐她当少先队大队委员、副大队长。她的普通话讲得很好，我决定发挥她这一特长，推荐她去竞选学校的节目主持人，她顺利胜出。她有了表现"自我"的机会，先后主持学校的每周升旗仪式、六一文艺会演和元旦文艺会演等大型活动。后来她又加入红领巾广播站当主持人，她在活动中锻炼自己多方面的能力。陈媛美这个名字在校园里无人不知。2014 年 4 月，我指导她参加坡头区中小学"从我做起，养成良好习惯圆中国梦"演讲比赛，她获南调街中心小学一等奖，代表我校参加区的比赛，获小学组优秀奖。2014 年 10 月，她被评为坡头区优秀少先队员。当拿到证书的那一刻，泪水在她的眼眶里打转，我知道那是高兴的泪水，感激的泪水。临近六年级小学毕业的时候，我班开展了"我感恩，我快乐"的主题德育活动，她写下了下面的文字：

招老师，不知您是否记得，三年前那个不懂事、不注意个人卫生、成绩又不好的小女孩。没错，那就是我。在刚上四年级时，也就是您刚接手我们班时，学校举行演讲比赛，班主任您就在班上海选参赛人。您对我们一视同仁，让我们都有机会参加比赛。之后，您选中了我……在您的鼓励和指导下，我得到了第一名。我非常开心，因为在这之前，这种荣誉不可能属于我。在课堂上，您把知识讲得很细，课后，您又给我辅导，使我的学习突飞猛进。后来，您又把我推荐进队委。就这样，从前那个讨人厌的小女孩一去不复返了。现在回忆起来，幸福的泪水常常溢满眼眶……

每读此文，我就特有成就感，一股暖流从心底涌起……

媛美同学的蜕变是对我用“心”教育的最好褒奖。看到一名学生在自己的教育引导下走上健康发展的轨道，我内心就有一种实实在在的成就感。

作者简介及教育理念：

招燕华，女，1975年8月出生，本科学历，小学数学高级教师，现任教于南调街中心小学，担任数学教研组组长。从教24年，上过体育课、语文课、数学课、美术课、音乐课、科学课等，多年担任班主任工作，兼做教导处工作。被评为小考先进个人、坡头区优秀教师、坡头区优秀班主任，是湛江市骨干班主任、湛江市小学数学学科骨干教师、湛江市名班主任培养对象。

教育理念：以德为先，以爱为魂。

爱与严并行不悖

■ 范友玉

不知不觉，我从事教育教学工作已 14 年。多年的教育工作使我认识到：面对即将成年的学生，过于严格，会使学生反感甚至憎恨；过度的爱，会使你达不到教育目的。实践证明，爱与严并行不悖。

“好多老师都给我一种感觉，相见不如怀念，只有你让我一再想见，虽然你不温柔，但真的很可爱！”“似如南川难化，却如流水喀斯特！”这是近期学生发给我的信息，乍一看，很吓人，情诗一般。但从中我读到了，作为教育工作者，我不是一个失败者，我外表看起来很严肃，但是我有一颗他们可以感受得到的爱心。

严格要求在前，爱心感化在后，做一个有原则、有温度的老师。例如，针对学生中手机泛滥的情况，如何引导学生正确使用手机，我做了以下尝试。我在班上先讲清使用要求以及这样做的目的，引起他们的共鸣，当然讲这个问题的时候必须是严肃的。然后私底下，我会找人了解谁经常玩手机，是打《王者荣耀》？还是看小说？或是追剧？当然你得有这样交心的线人，而且一旦暴露还得让人对他感激不尽。了解清楚之后，课间我会在教室里转悠，看似毫无目的，但我突然会问某个同学：“最近还打《王者荣耀》吗？”有的会说：“戒了，不信你看，我已经卸载了。”也有的会说：“我想卸载来着，就是下不了手啊。”这时候，我会毫不客气地代劳，他们也不会拒绝。另外，我还需要时常跟进，看看学生会不会再重装，时常毫无目的地去关心一下。做这些时，自始至终，我不会有过多的批评，一直是微笑着以理解学生的方式去交流，让他们心虚而认识到自己有待改进的地方。经常会有学生主动找我倾诉，说他沉迷小说，沉迷追剧，无法控制，怎么办？我说只有一个办法，把手机放在我这里，周末再取回。刚开始几天学生很难熬，慢慢也就习惯了。坚持爱与严并行，理性与感性有机结合，既增进了师生感情，又收到了良好的教育效果。

我一直在追求上好每一堂课，努力营造一种亲切自然、舒缓平和的课堂氛围，争取做到让自己的一言一行都在向学生传达这样的信息：我爱你们，我爱数学，我爱教育。有时上课学生状态不好，我会问他们："你们很累吗？"他们会齐声说："是！"我会装作若无其事且意味深长地说："那我对你们好点儿，别人对我好，我会对别人更好，以不辜负别人的好。"学生陷入短暂的沉思，然后迅速振作起来认真配合我上课。我没有指责，而是通过看似不着边际的题外话去旁敲侧击，结果收到了理想的教育效果。

学生说，我对他们很好，元宵节不放假，我会煮上两大锅汤圆，告诉他们只为培养点儿仪式感；放假有个别学生不回家，我也会把他们叫来我家吃饭。我常对学生说："我希望你们有好成绩，但又怕你们太累。我的作业你们可以有选择性地做，尽力即可。""你们悠着点儿，可以适当少做数学作业，关键是对数学、对学习有兴趣。"学生必领我的呵护与善意，实际上不会少做一道题。也有学生曾告诉我，一做数学题，他手都停不下来。

教育是慢的艺术，十年树木，百年树人。作为教育者，我们不能太过功利，太过急躁。冷静处理，爱与严并行，必能教育好想学好的人！

作者简介及教育理念：

范友玉，女，1982年1月出生，2004年大学本科毕业，中学数学高级教师，现任教于坡头区第一中学。担任过5年年级组长、7年班主任、7年理科数学备课组组长，有9年高三毕业班教学经历。是广东省骨干教师、湛江市名教师培养对象，被评为坡头区优秀共产党员、坡头区优秀教师、坡头区优秀班主任、坡头区高考先进个人、湛江市高考先进工作者、湛江市高中毕业班教学管理工作积极分子。

教育理念：爱与严并行不悖，努力追求做一个幸福的教育工作者。

我的教育初心

■ 林田凤

初识小鸥，是在开学的第一个晚修，他的手机突然在安静的班里“嘀”地响了一下。因为下午的班会课我刚强调上课时不准开手机，一旦发现就要交由老师保管。所以我走到了他的桌子旁，燃了我这位新上任班主任的第一把火。很快，他便尾随我至办公室，恳请我还他手机。我便趁机教育了他一番，最后才将手机还给他，我暗自高兴，认为打了第一场胜仗。

可是之后的两周，这位小鸥同学经常迟到，上课睡觉，不出操，有时候人也找不到，学习成绩就更不用说了。看着他的表现，我心急了，忍无可忍，便又找他谈了一次话。我给他罗列了种种“罪状”，可他竟然说有些东西不是什么大问题，比如迟到几分钟不算什么，学校没有必要给学生设太多的条条框框，他也有自己的追求，清楚自己的目标。最后，他只是含含糊糊地说以后注意就行。谈话持续了接近一个小时。最后，我给他下了“最后通牒”，将一个月作为改正毛病的期限，以实现自己的小目标。结果当然在我的意料之中，一个月还没到，小鸥旧毛病还没改，各种小毛病又出来了。

然而，一个偶然的机会，让我认识了一个不一样的小鸥。那天，他跟我反映班干部晚修管理偏心，不管女生，只管男生。这害得他经常“榜上有名”，而他也只不过是偶尔说说话而已。我看了他一眼，问了他一句：“真的只是偶尔吗？”他有点儿心虚地笑了一下。我想，与其再揪住他，不如就让他表现一下吧，至少还能帮我管管晚修的纪律。于是，我让他参与晚修的管理。

那天晚修，班上竟然鸦雀无声，刚开始，我还以为自己进错了教室。

小鸥同学时而站起来，稍微有点儿声音他就盯得紧紧的，连坐在角落的同学也没放过。同学们没被小鸥这样的同学管过，非常听话，都在安安静静地学习。就这样，小鸥让我看到了不一样的他：天真善良，做事尽心尽责。第二天上课，我把他“狠狠”地表扬了一番。之后，班里的晚修纪律几乎没让我操过心。

被我表扬的小鸥还没完全改掉身上的小毛病，但相比之前已有了很大的改变。在受表扬的同时，他时不时被我抓一下，批一下，他就像一只小船，在曲曲折折的航线上往前行驶。

有一次，学校举行英文歌曲比赛。那天，他给我打了好几个电话，我没接到，后来见面，他跟我说：“老师，我对英文歌曲很感兴趣，虽然没资格参赛，但还是很想去当观众，可是班里没有名额了。老师，你能不能想想办法啊？”我说：“好呀，老师给你想办法。”但由于名额有限，我找了社团几个同学，都说没办法安排。他知道后，就说：“老师，算了，我不去了。”看到他沮丧的样子，我跟他说：“比赛那天我过来带你进去吧。”听了我的话，小鸥有点儿受宠若惊，说：“老师，是真的吗？您真的愿意带我这样的学生进去吗？”比赛那天，小鸥早早就来到了会议室门口等我。我带他进去之后，他给我发了条信息：“谢谢您！老师。”从那次之后，小鸥似乎更听我的话了，性格也改变了不少，迟到、缺勤、上课睡觉的次数越来越少。我心里暗暗高兴，是的，可能是当他得到了些许的关爱，感到老师在意他，他便会尽力做好自己，以回报老师的关怀吧，这样的孩子是可爱的。之后的一次英语课上，我刚好讲到乐队这个主题，顺便提到一些英文歌曲，然后我灵机一动，让小鸥在班上给大家唱英文歌曲。他有点儿害羞，但还是站起来唱完了一首英文歌，虽然某些单词发音有点儿问题，但整体的韵律感和谐到位，惊讶的同学们也不约而同地鼓起了掌。得到同学们认可的小鸥也信心满满。下课后，我收到了小鸥给我发来的短信，他说：“感谢您，我亲爱的老师，您让我知道原来我的爱好也可以是我的特长，谢谢您成就今天的我。”

小鸥的短信就像一股暖流在我心中流淌，我想，见证学生的成长，同时温暖自己的内心，这大概就是我选择教师行业的初心吧。相信这股暖流将陪伴我走过人生的每个春夏秋冬！

作者简介及教育理念：

林田凤，女，1988 年 5 月出生，毕业于华南师范大学，中学英语二级教师，现在坡头区第一中学任高中英语教师，曾被评为校“优秀班主任”“高考教学质量先进个人”。

教育理念：正面管教，尊重学生，帮助学生主动寻求进步。

家长的抱怨是发现问题的机会

■ 林红霞

虽然我们经常跟家长讲：学生有什么心理疾病或心理问题，希望家长告知学校或老师。但实际上，有的家长出于某些方面的考虑，并不愿意把自己孩子的一些真实情况告诉学校或老师。如何解决这个问题呢？方法有很多，下面我想跟大家分享一个我教育生涯中的小插曲。

有一次家长会后，我像往常那样继续在微信上和家长联系。当我和别的家长正聊得愉快时，突然间有一位家长插话，说我们虚伪、做作，场面顿时有点儿尴尬。我耐心地给这位家长解释，但这位家长不听，一直强调说自己的小孩在小学成绩还不错，但是初中才读了半个学期，成绩就下降很多，她指责老师不会教书。我告诉这位家长，小学成绩跟中学成绩会有点儿出入，不能用小学的标准衡量中学。别的家长也插话：你小孩的成绩一次比一次高（我发成绩条给家长，把学生几次成绩汇总在一起），可见老师是用心教你的孩子的。但这位家长根本不听，说自己小孩的成绩能提高，是同学教的，不是老师教的。后来越说越过分，弄得别的家长都忍不住跟她辩论，有一位家长甚至在群里叫大伙不用理会这位家长。

这件事过后，我冷静地想了想，觉得这事有蹊跷：绝大多数的家长是很尊重老师的，而这种蛮不讲理的家长很少见，我从教这么多年，遇到这样不讲理的家长一个巴掌都可以数得出来。而以前遇到的这类型的家长大都文化水平不高，受教育程度较低，但这次遇到的这位家长，从她跟别人的争论过程中，我发现这位家长的口才挺好的，不像是那种受教育程度低的人。难道有其他隐情？我决定对这件事深入了解一下。

我首先了解这位学生的情况。据同学反映，这个女生好像跟她的奶奶闹矛盾，而且这个女生的手指经常有伤口。得知这一情况后，我感觉这个女生可能存在心理问题。我决定从这个女生的奶奶入手。于是，我打电话给她奶奶，我说："奶奶，李巧云（化名）的妈妈跟我反映，李巧云厌学，我们学校有专职的心理老师，他们很厉害……（我在这里吹嘘了一下，目的是让老人放下戒心），要不要找学校的心理老师给她辅导一下？"老人一听有这么厉害的老师，能帮助学生克服厌学的问题，马上答应。我趁机转移话题："奶奶，李巧云的手有很多伤口，现在握笔有困难，影响到她的学习，这是怎么回事？""是这样的……"话匣子打开后，老人给我讲了很多关于这个女生的事。

跟老人谈话的过程中，我得到以下几点信息：

1. 目前这个女生跟老人一块儿生活，但她们经常争吵。最近一次争吵是老人发现这个女生收到情书，老人认为这个女生早恋，为这件事，她们吵得很凶，有点儿火星撞地球的味道。

2. 这个女生有自残行为，她手上的伤口是自己用刀子割的。

3. 女生的妈妈跟老人的关系不好。（老人说了很多这个女生妈妈的不是，因此我判断婆媳关系比较紧张。）

在充分了解情况后，我开始找这个女生谈话。为了消除这个女生的不安和戒心，开始我并没有问这个女生关于情书的事，而是向她打听班上另外几个长得比较漂亮的女孩子的情况。话题打开后，我跟这个女生说："我们班的女孩子都是好样的，没有早恋，但老师担心她们受到男生的骚扰，跟你聊天后，老师放心很多。你是我们班最漂亮的女孩子之一，你有没有受到男生的骚扰？"这个女生听了我的话后开心起来，她不自信地问我："老师，我真的这么漂亮吗？我们班最漂亮的女生不是某某吗？"我肯定地对这个女生说："你也很漂亮，你跟某某同学一样漂亮。"于是这个女生对我敞开心扉。

跟这个女生谈话后，我得知她的情况：爸爸好赌，在外面有女人。妈妈曾经怀有一个弟弟，有一次和爸爸吵架后，动了胎气，但没人理会，结果流产。妈妈因此想不开，曾割腕自杀，妈妈自杀的样子被她看到，留下很大的阴影。后来父母离婚，又各自成立家庭，所以她现在跟奶奶生活。奶奶不信任她，老觉得她会学坏，经常骂她，而且一骂就是半天，她用自残的方式来排泄心中的苦闷，曾有一次，学着妈妈割腕自杀。她没有早恋的想法，是第一次收到情书，但奶奶不相信她，说她学坏了。

接着我又跟这个女生的妈妈联系，告诉她：她小孩成绩波动主要是不能安心学习，希望父母家人平时多关心她，为她创造一个好的学习和生活环境，并根据我了解的情况明确告诉这位家长，她的小孩并没有早恋，我相信我的学生，请她也相信自己的孩子。征求了李巧云家人的意见后，我采取了以下措施：

1. 建立心理档案，进行跟踪辅导和心理干预，争取早日消除这个女生的心理阴影。

2. 让这个女生到学校住宿，先缓和一下与奶奶的矛盾。

3. 找几个活泼开朗的女同学带她一起学习、一起玩，如发现她有异常现象及时告诉老师。

4. 让她多参加各种有益的活动，帮助她身心健康地成长。

一段时间后，这个女生的笑容越来越多，成绩也逐渐提高。我感到很欣慰，她的妈妈对我很感激。

有时家长的抱怨并不是故意针对老师，抱怨是他们情绪的一种宣泄。我们平时要细心点儿，做个有心人，从家长的抱怨中发现问题的蛛丝马迹，及时加以解决，避免问题扩大。

作者简介及教育理念：

林红霞，女，1975 年 1 月出生，湛江市人，1996 年毕业于汕头大学，2005 年获得自学考试数学教育本科学历。1998 年参加工作，现任教于坡头区第一中学。从教 20 多年来，多次获得“优秀教师”和“优秀班主任”称号，所带班级多次被评为标兵班或先进班。

教育理念：把学生当作自己的孩子一样看待、教育、关心；把学生当作自己的朋友一样交流、沟通，分享成功的快乐；让家长放心、满意。

“问题生”变“小明星”的故事

■ 林 健

任教 26 年来，我接触过许多不同特点的学困生，在他们的身上，发生过许多故事。

五年前学生小华的故事还历历在目。

那时，我是学校管德育的副校长，在我挂点管理的一个班里，有个学生叫小华。他上课爱睡觉，下课爱打架，经常缺课，还常常喜欢做出一些超常规的事，以引起同学的注意，好炫耀自己。班主任对他束手无策，改变他的任务自然就落到我的肩上。

有一次，小华理了一个奇形怪状的“鸡公头”，当天就被班主任叫去教育了一番。可他就是不肯去改变发型，班主任不得不打电话叫他母亲到校。他母亲一来就是一顿厉声呵斥，结果母子俩闹了起来，情急之下，母亲一记耳光打过去。小华以百米冲刺的速度冲出教室，翻过学校大门，消失得无影无踪。家长那一声耳光震得我心里非常难受，我得尽快找到他，别让他出什么事。

我在一家小卖部的门口找到情绪稍微平复的小华时，他愣了一下。我故作轻松地说：“这发型，很像歌手陈楚生哪。”他一下子笑了，腼腆地说：“不像。”我们之间的尴尬似乎还没完全消除。“喜欢陈楚生？”他不作声，我继续说，“陈楚生是实力派？还是偶像派呀？”这回他终于说话了：“当然是实力派啦。弹吉他太炫了。”那眉飞色舞的脸上写满了快乐，这是在上文化课的时候从未有过的神情。我赶紧接过话：“那你更应该学习他的实力，而不是他的外表。”小华有点儿试探地说：“校长，我班班主任弹吉他也很炫，要不你叫他教教我吧。”我说：“好呀！”接着我们再进行深谈。在谈话中我找到了他不肯改变发型的原因：原来他觉得自己现在的头发已经很短了，再理头发，那不从“鸡公头”变成“光头佬”？这会损害他在同学心目中的形象。那怎么办呢？他恳请我让他回家一周，让时间来改变发型。我猛然发现，这孩子缺乏的不是管理，而是理解，他在乎的不是成绩，而是心中的爱好和美好。我把心一横，答应了。我期望一周后会有奇迹出现。

可是，我还没来得及与家长沟通，意外发生了。那天中午，突然一阵急速、大力的敲门声把我惊醒，我从床上跳了下来，忐忑地开了门。刚开门，就冲进一个彪形大汉，他指着我大声质问：“是不是你叫我家阿华回家的？回家一周还怎么学习？学生不好好学习，学什么吉他？歪道！你这个校长是怎么当的？”

我试图解释，可他越说越激动，正要一个箭步冲上来的时候，小华夺门而入，发狂地拉着他父亲，歇斯底里地喊道：“回去！你回去！再在这里骂校长，我以后都不回家了！”这父子俩拉拉扯扯地消失在我的视线中，剩下惊魂不定的我，却有一丝丝的欣慰。在某些方面，名师之恩在孩子的成长中有时会重于父母的养育之恩。

小华确实是一个学习吉他的好苗子，在他班主任的指导下，他弹吉他的水平提高很快，元旦晚会上轻弹一曲，技惊四座，成了一个校园小明星。从那以后，小华的不良行为少了，各科成绩也进步了，还获得班级学习进步奖。

尊重学生的个性，发现学生的长处，培养学生的特长，这应是我们教育工作者的成功之道。

作者简介及教育理念：

林健，男，1971年12月出生，中共党员，大学本科学历，中学高级教师，现任东岸中学党支部书记、校长。是中共官渡镇第九、十届党代会代表，广东省第二批省级骨干校长培养对象，广东省骨干校长高研班学员，湛江市第二届督学。曾荣获“湛江市优秀教师”“坡头区优秀教师”“坡头区党员教学先锋”“坡头区优秀教育工作者”“坡头区中考先进个人”“坡头区安全工作先进个人”等荣誉称号。主持过省级课题，有多篇论文在省级刊物上发表。

教育理念：以人为本，尽可能走近学生，用心去倾听学生的心声。

打耳光引出的友善教育

■ 林 辉

有一次，上课的铃声响了，五年级的同学们和往常一样，排着队走进教室。唯独小陈满脸泪痕，眼睛直愣愣地盯着走在他前头的小李，恶狠狠地说："你等着，放学后咱俩再算账！"

见此情景，我没有急于批评他，待同学们坐好后，就开始讲课。课间休息时，班长告诉我说，同学们一块儿玩篮球，小陈不让小李参加，小李急了，抢过球还打了小陈一个耳光。两人便大吵起来。眼看就要上课了，小陈心里憋的气还未出。

上午放学的铃声响了，同学们似乎都没有忘记刚才那场小风波，几十双眼睛还像听课那样集中在我身上。下午第三节劳动课，我作为代班主任(他班的班主任病休了)，在分配完其他同学的任务后，就把小陈、小李喊到跟前。他俩低着头站着，脸上一副准备挨批评的神色。我看透了他俩的心思，故意回避他们的纠纷，笑着说："今天大扫除，我想让你俩包一项任务，你们看怎么样？"他们一听我没有批评他们，就把头抬起来。我接着以鼓励的口气说："老师相信你们，因为你们很热爱集体，一定会很好地完成任务。"于是，我分派他们去擦门窗。

劳动开始了，我从旁边看到小陈和小李商量了一会儿后，一个拿毛巾，一个提来一桶水。小陈拿着毛巾站在桌面上用力地擦窗户，小李则在下面拧毛巾，他们一擦一拧，很快就把门窗擦干净了。劳动结束时，我对他俩进行了表扬，并问他们，为什么干得这么好？让他俩谈谈感受。小陈说："这是小李的功劳，是他回家拿毛巾。"小李抢着说："是小陈干得好。"这时，我高兴地插上一句："是你俩齐心合力团结得好。"

一个耳光引起的风波，就在互相协作的劳动中平息了。

作者简介及教育理念：

林辉，男，1969 年 10 月出生，中共党员，本科学历，小学一级教师，现任坡头区林口小学副校长。是广东教育学会小教会员，曾被评为坡头区优秀教师、坡头区小考先进个人。主持及参与省级小课题 2 项，其中 1 项研究成果获得广东教育学会第五届教育科研规划小课题研究成果三等奖。有多篇论文在核心期刊上发表。

教育理念：为学生的生命质量负责，为学生的终身发展奠基。

五块钱的故事

■林 辉

一天中午，我刚踏进校门，就有一个五年级的学生走到我的跟前，他说在教室里丢失了五块钱，而他班的同学纷纷要求去抓“贼”。我想，该班班主任因事请假了，作为负责学校德育工作兼五年级品德课老师的我，应该出面处理这件事。该怎么样去处理呢？我一边走一边思索着。十一二岁的孩子，思想单纯，是非观念是有的。我想，犯错误的同学可能一时糊涂，事后定会感到后悔，但又不知道怎么办，可能将错就错。想到这，我心中有了解决的办法。

我来到教室，向同学们讲了这件事情，言谈中没有丝毫的责备，只表示惋惜之情：我们的班集体竟然发生了这样一件不愉快的事。接着，我以极其真挚的感情向同学们讲述了半年来发生在我们班集体中一件件同学间互相关心、团结友爱、诚实做人的动人故事。我的话打动了每个孩子的心，他们静静地听着，脸上全是认真对待的神情。我又以极信任的语气，启发犯错误的同学自己勇敢地改正错误，把钱还给同学。

第二天早上，丢钱的同学告诉我：“老师，不知谁将钱卷成一沓，悄悄地放在我的书包里啦，但只有四块钱。”这时，我想，能从“拿”到“还”，也是思想上的一个进步，虽然他用去了一块钱。于是，我在班里表扬了这个同学，我说：“我们不知道这个同学是谁，但他勇敢地以自己的行动洗掉了身上的污点，让我们以热烈的掌声，欢迎他回到我们可爱的集体中来。”长时间的热烈掌声，触动着每个同学。当然，其中也包括那位“拿”钱的同学。其实，他也在为自己改正错误而鼓掌。他一定比任何人都激动，心里会产生许多情感：内疚、感激、悔恨、决心……正确的道德观念就从这里渗入孩子的心田。

同学们还沉浸在激动的心情中时，我从自己的口袋里拿出一块钱，给了丢钱的同学，并说，希望那个同学以后把一块钱还给我。这是我有意对那位犯错误的同学进行深入教育而设计的。在孩子的感情上，同一件事，与同学和与老师发生联系心理是不同的，所以我把矛盾转到我这里来，让他直接和我产生联系，增强影响深度。在同学们面前，我自始至终没有说一个“偷”字，我想，不应该也不允许给幼小的心灵烙上“偷”的印记。

尽管我已了解到犯错误的同学是谁，但我不急于找他，因为十分重要的是要保护他的自尊心。我耐心地等着，并有意识地和他谈笑。信任终于产生了最积极的效果，他的思想又发生了变化：含着眼泪把一块钱交到我的手中。我高兴地握着他的手。我想，这时一切道德伦理说教已是多余的。望着他那张诚恳的小脸，我说：“你做得太对了！这一块钱我送给你！”他嗫嚅地说：“不，不，我不要！”我亲切地说：“你误会了，我送给你保存起来，做个纪念，你看好吗？”孩子眼含泪水笑了，他已深深懂得了我的苦心。

事隔半年了，他仍经常从书包里拿出那一块钱来翻看。我为他造就了一个终生难忘的记忆，鞭策他永远想到诚实、尊严，永远为别人着想。

教育要想效果好，教育方法很重要，我们要多给学生以信任和尊重，让他们产生改正缺点和错误的勇气和力量。

见字如面　真情沟通

■ 庞海文

2017 年 11 月 1 日至 3 日，我班学生参加了初三以来的第一次大考——期中考试。从考前学生们紧张的状态就能感受到他们有多么重视这次考试，这次考试之后将召开初三年级第一次家长会。

考试完的那天晚上，我班学生小敏在微信上跟我聊了好久。她平时基础不错，也很勤奋，可是这次考试因为太紧张，发挥失常。她对我说的第一句话便是："老师，我觉得我好对不起我爸爸，他平时那么关心我，总希望我中考能考上重点学校，可我每次都考得不理想！"我告诉她："你已经很努力了，不要自责，这并不是最后一次考试，相反，这次考试能让你发现自己的问题，对你来说反而是好事呀。"经过我几番安慰，她的情绪平复了许多。

其实，那天的对话，我更多的只是充当了一个倾听者的角色。小敏跟我说了好多她和她爸爸的故事。她还告诉我，邻班的小宇是她堂弟，以前学习成绩比不上她，而现在却超过她了，这让她压力更大。如果考不好，她觉得最难面对的，就是家人了。

和小敏聊完后，我思考了很久，从上初三以来，学生们屡次跟我聊天时都会说到自己身上的压力，说到父母亲人对自己的期盼。其实，学生的压力，很大程度上来自家庭。想想也的确如此，中考对于他们来说也许只是人生中的一次考试，可对他们的父母特别是那些家庭并不那么富裕的父母来说，中考就是他们子女寻求人生出路的一次机会。这样看来，想要让初三学生放下思想包袱，取得中考的胜利，做好家校共育至关重要。

于是，我决定在这次考试后的家长会上进行一次孩子和家长敞开心扉的沟通。

看过综艺节目《见字如面》后，我感受到了书信在情感沟通中所起的重要作用。特别是在当今的信息化时代，信息更新得如此之快，在方方正正的电脑打印字体中读不出表情也读不出情感。而书信则不同，在一笔一画地书写时，人的情感、想法都融入了文字和标点当中。于是，在家长会的前一周，我叫孩子们给家长写一封信，把一些平时很想对家长说但又没机会说出的话用文字写出来，装在信封里留在课桌上，送给家长一个“惊喜”。也许有些孩子从来没有给父母写过信，觉得新奇吧，大家的积极性都很高，每位同学都写了信。

家长会那天，家长们如期到来。在踏上讲台的那一刻，我看到台下的爸爸妈妈们看着自己的孩子写下的书信，有的露出了会心的笑容，有的则感动得掉下了热泪。我想，这次家长会的目的，已经真正达到了。在家长会的最后，我给每位到场的家长都发放了信纸和信封。在舒缓的音乐声中，家长们提起笔，给孩子们写了回信。看着他们认真的样子，我心里不禁感慨！他们来自各行各业，有的和我一样是教育工作者，有的是公司员工，有的是农民，在他们的眼神里，都流露出满满的爱。我明白，此刻就算他们留在纸上的只有只言片语，但对于孩子们来说，都将是莫大的鼓励。

家长会后，我没有再找小敏同学谈心，因为我看到小敏同学合上她爸的回信后，脸上露出了坦然的微笑。

作者简介及教育理念：

庞海文，男，1969 年 12 月出生，中共党员，本科学历，初中化学高级教师。是广东省第四期化学实验骨干教师培训班学员、2015 年中小学教师省级培训项目培养对象、湛江市初中化学兼职教研员、第一批“名师”培养对象、坡头区首届青年教师职业技能大赛初中化学组别评委。曾被评为坡头区优秀教师。

教育理念：弘扬高尚师德，潜心立德树人，在教中研，以研促教。

心情是一种选择

■ 庞海文

初三第二次月考成绩出来的那天晚上，语文老师第一个打电话给我，说："真高兴，你班班长这次语文考得很棒，从班里的中等水平上升到年级的第三名。"刚挂机，数学老师也来了电话："怎么搞的，你班班长这次数学考得如此糟糕，从年级的第一名掉到了班里的中等水平。"

我的第一反应是，怎么可能！数学可是班长的强项啊，一直以来稳居年级第一名，而语文却是他的"心头之痛"呢！

于是，我第一时间找到了班长，她跟我聊了很多很多……

谈到语文时，她说："初三第一次月考时，我的作文有感而发，写出了真情实感，语文老师除了私下里表扬我，还把我的作文作为范文在全班宣读，这使我对语文越来越自信，学习越来越轻松，从此改变了我'语文不行'的想法。"

谈到数学时，她说："在开学初的一节数学课上，老师上的内容很简单，我有点儿走神，老师居然将手上的半截粉笔头砸到了我的头上，并且不分青红皂白地当着全班同学的面批评了我一顿，严重伤害了我的自尊心。从此，我对数学越来越厌烦，学习越来越沉重，以致这次数学考试心情乱糟糟的！我也知道这样不好，但我就是无法解开心中的'结'。"

这次谈话让我陷入了沉思：心情的好坏，直接影响一个人的学习和生活啊！好的心情，有助于提高学习效率和促进身心健康；不良情绪的蔓延，会产生坏心情，如果不及时疏导，对一个学生的影响则是致命的。

我及时与数学老师进行了交流，建议他主动找班长谈话，好好进行一次沟通，他欣然同意了。

同时，我决定召开一个题为"心情是一种选择"的主题班会，由班长组织策划。

在同学们的精心准备下，主题班会如期举行。

班长：各位同学，假如你去商场买了一件礼物准备送给好朋友过生日，在商场休息时把它放在身旁的凳子上，这时走过来一个人坐在放礼物的凳子上，把礼物弄坏了，此时你的心情怎样？

同学们情绪激动：骂他瞎了眼，让他赔……

班长：后来，你发现他真的是个盲人，他看不见你的礼物，此时你的心情又如何？

同学们恢复平静：原谅他，不要他赔了……

班长：我们的情绪是由某些事件引发的，当事件有新发展时，我们的想法就会发生改变，情绪反应亦会跟着改变，心情也就变了。在我们的日常生活中，每天都会遇到各种各样的事，哪些事情是令人愉快的？哪些事情令人不愉快？

同学们踊跃发言：愉快事件——同学的关心和帮助、老师的表扬和赏识、家长的疼爱和理解……不愉快事件——同学的欺凌和捉弄、老师的批评和斥责、家长的冷漠和打骂……

班长：愉快的事情，对我们学习和生活的影响是积极的；不愉快的事情，对我们学习和生活的影响往往是消极的。其实，即使是同一事件，我们的想法也可以是多种多样的，不要只局限在某种想法上，这样才不会为某一情绪所困。下面请同学们就"老师的表扬或批评对学习的影响"展开讨论。

同学们热烈讨论：绝大多数同学认为表扬是令人愉快的，对学习的影响是积极的；批评令人不愉快，对学习的影响是消极的。

班长：凡事都有两面性，我们要往好处想。初三第一次月考，语文老师表扬了我，激发了我对语文学习的兴趣，使我的自信心大增，所以这次月考，语文进步神速。如果语文老师的表扬，使我沾沾自喜，骄傲自满，我就不会有这次的进步。开学初我上数学课走神，数学老师批评了我，我耿耿于怀，一直在闹情绪，这次月考数学就考砸了。其实，当时老师是"恨铁不成钢"，对我严格要求而已，如果我能这样想，数学成绩就不会落下来了。

同学们猛然醒悟：心情的好坏，其实只是一种选择。决定我们心情的是我们自己，而不是别人。只有保持良好的心情，让自己变得乐观自信，勇敢面对学习和生活中的困难和挫折，才能走向成功。

…………

英国作家萨克雷说过："生活就像一面镜子，你笑它也笑，你哭它也哭。"望着孩子们面带微笑、开心快乐的样子，作为班主任的我，心里甜滋滋的。因为我知道，这次主题班会的目的，已真正达到了。

教育二三事

■ 庞容妹

30年前，如果你走进姓庞村，就经常会见到一个小女孩在大树下有模有样地“教”几个比她小点儿的“学生”。小黑板虽然破旧，上面的板书却工工整整；“学生”虽然参差不齐，精神气儿却好；“老师”虽然稚气，举手投足间倒也有几分神似。童年时期的“模拟课堂”坚定了女孩的信念，她乐此不疲地“折腾”村里的小伙伴。是的，随着年龄的增长，她觉得当教师就是自己的理想，没有之一，只有唯一。

有人说：“人生最精彩的不是实现梦想的瞬间，而是坚持梦想的过程。”是啊，她坚持了。当她在师范的音乐课上唱起《长大后我就成了你》时，泪水抑制不住地涌了出来。1998年的夏天，她终于名正言顺地站在那一方讲台上。从此，和学生在一起的日子便成了她最幸福的记忆。

那个小女孩就是我。

多少次焦头烂额伴着欢声笑语过了一天又一天，转眼20年过去了。这一路，感恩有孩子们相伴。

于是，我偶尔记录一下教学生涯中的点滴，见证他们的成长，丰富自己的人生。

一堂表演课

今天学习《荷花》一课，我打算让孩子们演一回。

师：同学们齐读描写荷叶的句子。

生：荷叶挨挨挤挤的，像一个个碧绿的大圆盘。

师：你们能演荷叶吗？

生：能，当然能！

全班同学都张开双臂，努力围成一个“大圆盘”，还知趣地凑成一团，表现荷叶“挨挨挤挤”的样子。就连平时不敢出声的陈燕梅和陈莹也兴致勃勃地挤在里面。教室里气氛热烈。

师：现在能不能把这句话背诵出来？

生：能！……

大家脱口而出。

师：白荷花在这些大圆盘之间冒出来。谁来演白荷花？

生：我来！我来！

师：杨锦锋，你来。

这位调皮的学生一下子就从“荷叶”中跳出来。

有学生嚷起来：老师，他演得不好！荷叶挨挨挤挤的，荷花不可能这么容易就“跳出来”。

师：好，那你再来演一次。

只见她钻到“荷叶”丛中，双手抱住头，使劲地一点一点地努力“突出重围”，最后，骄傲地在众荷叶中亭亭玉立。

师：太棒了！你把作者要表达的都演出来了。同学们现在理解这个“冒”字了吗？

生：理解啦！

师：好，请荷叶荷花们回到座位上，我们一起朗读描写荷花的句子。

学生们摇头晃脑地念：有的才展开两三片花瓣儿。有的花瓣儿全都展开了，露出嫩黄色的小莲蓬。有的还是花骨朵儿，看起来饱胀得马上要破裂似的。

师：这段话描写了荷花的三种形态，你们能演出来吗？

孩子们兴高采烈地要求表演。

师：老师朗读，大家表演。

一双双小手认认真真地半合、打开、全开，一池的“荷花精”。

师：我仿佛闻到荷花的清香了。

他们稚嫩的小脸洋溢着兴奋和欢乐，真可爱。

讲到第四段由看荷花引发的想象时，我先让他们观看该段的视频朗读。看着画面中的真荷花在风中摇曳，女孩子们按捺不住了，都嚷着：老师，我们要演荷花，我们要演荷花。

师：没问题。请“荷花们”站起来，闭上眼睛先听听朗读找感觉，一定要演出作者的原意。

生：好的，没问题。

表演时，女孩子们陶醉地翩翩起舞，个别男孩子居然扮演起蜻蜓和小鱼来“捣乱”。瞬间个个都成影后影帝了，还要求加场演。

下课铃响了，孩子们意犹未尽，大呼“真好玩，真好玩，好喜欢这样上语文课”。后来检查课文朗读时，连班里最差的那几个也能背诵一两段。

在语文课堂教学中，我发现得用些“小手段”来提高孩子们的参与欲，把他们拉到课文中来，扮演其中的角色。不需要老师刻意地强调，他们就能自然而然地进入角色。教学效果出奇地好，让学生从此爱上语文课将不是传说。

“包公”事件

昨天，我印了一张复习试卷给他们做，可能是操作技术不过关，卷面有的地方颜色稍微深了，虽然也能看清楚题目，但是他们肯定会嫌弃的！咋办？我临时想了条“计策”。

临下课，我深情地望着大家说：“同学们，今天老师发张试卷给你们周末回去做哈，啊哈哈哈哈哈哈哈！”一想到黑面卷，我实在忍不住先乐了，边说边自己笑个不停。学生们面面相觑，很快他们也被我“夸张”的笑声感染了，一起跟着我傻笑：“老师，你为什么笑啊？弄得我们也跟着笑。”嘻嘻，疑惑了吧？我心里想。

我拼命把自己的笑意压下去，说：“对不起了，老师今天要发给你们一张‘包公’卷，不知你们能不能看清呢？”“什么？‘包公’卷？哈哈哈哈！老师，你快发来看看！”他们迫不及待地拥上来要试卷。

我淡定地拿出那沓“黑面卷”，一张一张地发到他们伸得老长的手里。

“老师，可以看得到啊！”“老师，很清楚啊！”“老师，黑是黑点儿，但字很清楚啊！”

"真的吗?"我故意目瞪口呆，"你们视力好，老师老了。但你们千万不要晚上做啊!""哈哈哈哈!老师，晚上做可能就有点儿难看了!"

哈，没有谁嫌弃这张试卷。我有点儿得意。

"照妖镜"

今天上课发现一个女同学心不在焉，眼睛老瞄一个地方，我实地"勘察"了一下，发现她把一块小小的镜条放在笔袋旁边，还用书本做掩护。哼哼，这还逃得过本师的法眼，她八成是上课时偷偷照镜子了。

五年级，十一二岁的年纪，正是女生爱美之心萌芽的时候。她们认为天下之大唯美丽最重要，我得引导引导她。趁她不注意时，我故意绕到她后面，对着镜条晃了晃我的老脸，她发现了，吐了吐舌头，不好意思地想把镜条收起来。我乐呵呵地跟她说："姑娘，你的镜子照出了个老妖怪!难道是传说中的'照妖镜'?"她先是愣了一下，然后红着脸抿嘴笑了。

我继续"说教"："长大了，女孩子是应该注意自己的仪容的，周末去买一面那种小小圆圆的粉色的镜子吧，臭美时就照照，但，可不能用上课时间照哦。知识丰富会使你更有魅力的!"

她点了点头，从此再没见过她在课堂上照镜子了。

坚持梦想，实现理想，我一直在路上。让我们用爱、用心呵护每一株幼苗，把最纯净的阳光雨露洒向大地。让我们带领孩子们努力奔跑吧，无论他们日后长成参天大树还是坚强小草，都不要紧，只要我们能带给他们温暖的回忆就已经足够了。

作者简介及教育理念：

庞容妹，女，1978年4月出生，本科学历，小学语文高级教师，1998年参加教育工作。从教21年来，一直担任语文、英语学科教学工作，2002年至今担任南调街道中心小学少先队辅导员。热爱教育，关爱学生，尊重学生个性发展，善于启发学生思维。坚信爱是打开学生心灵的钥匙，立志成为学生喜欢的老师。

教育理念：因材施教，做学生温暖快乐的引路人。

教育从“心”开始

■ 郑华毅

热爱学生、关心学生就要尊重、信任和宽容学生。小学生毕竟是孩子，犯错是难以避免的，即使是我们成年人，也有犯错误的时候。因此，我们不能用成年人的眼光去衡量孩子，而是要站在孩子的角度去思考问题。

2015 年，我接手一个班，子栋是我班的一名男生，国字脸，聪明活泼，思维敏捷，办事能力强，但作业马虎、草率，做事丢三落四。一天，这小家伙一如既往地很快完成了课堂作业，那颗不安稳的心又开始躁动了，一会儿呼朋引伴，一会儿去逗弄同学，还不时发出“啧啧”的怪声。我原本对他的那些好印象，顿时烟消云散，随之蒙上心头的是恼怒，恨不得狠狠地教训他一顿。但转念一想，我是谁？我是他头顶上的蓝天，还是过滤他的筛子？都不是。我应该是他航海时的灯塔，是他迷惘时的北极星，是奉献者、服务者。我应设身处地地为他着想，不能因为一时的冲动而伤害他幼小的心灵。或许大家都见过这种情况：面对犯错误的学生，严肃批评，可学生一点儿也没有悔改之意，反而跟老师对着干。这样的情况，是最令人头痛的。现在如果我严加训斥，他若搪塞，甚至孤注一掷，走向对立面，那就麻烦了。于是，我趁其他同学还在全神贯注地做作业时，严肃地将他带出教室，用敏锐的目光审视他，想从他脸上找到悔过的表情，哪怕是一丁点儿也好。他一声不吭，把眼睛睁得大大的，那眼神好特别。此时，我明显感觉到，他的心“怦怦怦”激烈地跳动。

此刻，我再不想去批评或训斥他什么，他既然办事能力强又善于思考，我为何不给他量身定做一个任务呢？于是，我和蔼地对他说：“子栋，学校要求我们每个学生出一份高质量的手抄报。老师相信，只要你努力，你也能做好的，对吗？”他眼睛一眨，兴奋地对我说：“老师，您说的是真的吗？”猛然间，我看到了他那带着期盼的眼神，仿佛一下子明白他所有的心思。我轻轻地点了点头。他说：“下星期一定完成。”这声音虽然小，但很果断。

星期一，子栋揣着手抄报来办公室找我，只见一张崭新的A4纸上，每一笔每一画都写得认真，清晰而有力。此刻，我心微微一颤：这份作业好沉呀！这是一个孩子用“心”写的，面对这份蕴含着特别意义的作业，我必须以一颗真诚的心去触摸、去发现、去呵护。我满意地点了点头，拍拍他的肩膀，微笑着说：“你效率很高，这份手抄报质量很好。”他笑而不答，显得有几分腼腆。

我继续为难地说：“可是，老师现在又遇到一个新的难题，不知道怎么样去解决，你能给我一个意见吗？”“老师，你也有为难的时候？”他瞪大了眼睛。我不失时机地说：“嗯，很为难，这件事关系到一个聪明孩子的前途命运问题。”他很感兴趣地说：“是什么难题呀？”我故意难过地说：“我有个学生，他很聪明，做题也快，很有天分，但是他上课老爱乱讲话，逗弄别人，破坏课堂纪律。长此以往，他肯定会养成坏习惯，也不会有朋友，当然也没有进步的机会。你说，这不是很让人痛心吗？”说完，我还故意深深地叹了口气，偷偷打量他。这个时候，我看见他笑嘻嘻的脸上逐渐凝重了，变得若有所思。我静静地看着他，不作声，一会儿过后，他郑重地对我说：“老师，或许那个孩子已经知道错了，以后会改正，会让同学们喜欢的呢。老师，您放心吧！”我坚定地说：“嗯，我相信，因为我实在是太欣赏那个孩子啦！”他尴尬地说：“老师，没有什么事情，我回教室了。”

望着子栋远去的背影，我感叹：每个孩子都需要尊重，都需要宽容，都需要关爱，每个孩子的内心深处都有着一颗探索知识、渴望了解未知的好奇之心，都有着一个思维灵活、善于创造的大脑。看似在课堂上“捣乱”，可能那时他正在进行着剧烈的思考和体验。我们先不要过于恼怒，不妨尝试着给予孩子更多的表演和展示的机会，在活动体验中去教育他们。这样，我们既不会因他们小小的毛病而气恼，又能抓住每次机会让他们在这小小的教室里登上他人生的大舞台。果然，子栋一改以前的坏毛病，勤奋自律，成为班上品学兼优的学生。

用心去呼唤，引领孩子正确前行，虽然道路上有许多不确定的因素，但我们收获的是喜悦和甜蜜，让我们的教育从心开始吧！

作者简介及教育理念：

郑华毅，男，1994年毕业于遂溪师范学校，中小学语文一级教师，现任教于龙头镇中心小学。一直以来，担任语文科教学工作和班主任工作，形成了自己独特的教育教学风格。撰写的教学论文《课堂教学要"善导"》获湛江市二等奖，曾被评为"坡头区优秀辅导员""坡头区优秀教师"。

教育理念：关爱、善待每一位学生，帮助他们发现自己，肯定自己。

我的教育故事

■ 赵 静

我们班和同年级的其他班相比，有一个明显的特点就是男生比女生多。男生中思想活跃者居多，也易于接受新生事物，但学习目标不明确，学习能力差，学习主动性不强，纪律有点儿散漫。另外，因为是普通班，尖子生很少，学困生很多，这也加大了成绩提高的难度。这个班的管理，也就困难一些。

在班级日常管理的过程中，我的思路很明确：学生既是管理的对象，也是管理的主体，教育的过程是师生之间不断交流的过程，既有各种信息的发出和反馈，又有情感的相互交流。教育学生的前提是理解学生，理解学生的前提是了解学生。所以，一切当从“了解”开始。如果老师不能了解、贴近学生的内心世界，就会增加施教的难度。无数成功的经验告诉我们，创建一种和谐的师生关系，是搞好德育工作的前提。而要建立和谐的师生关系，老师就要尽力开启学生的心灵之门，感受着学生的感受。

在我十多年的教育生涯中，有一个学生思想态度的转变让我记忆犹新。

这位同学名叫陈陈，他平时和同学关系不错，有很多朋友，性格很开朗，尤其爱打篮球，但个性比较强，做事有自己的一套。我开始接手这个班时，觉得陈陈这个孩子很讲义气，重情义，成绩虽然不好，但是脑子很聪明。但有一件事，使我意识到这个孩子还需要老师们进一步教育，让他自己管理自己真的不是一件容易的事情。那是班级篮球联赛期间的一天，下午我班有比赛任务。晚自习时我下班，发现有几名男生的座位是空着的，当时我心里有点儿恼火了。不一会儿，他们几个人就大汗淋漓地走了上来，于是我把他们几个人带到了办公室询问情况。了解清楚之后，我很是生气，原来他们还在那里练球，准备下一场的比赛。他们认为晚读并不重要，这种学习态度让我很是不满。加上这几个学生平时就是问题学生(包括陈陈)，平时问题就不少，我想，这次我一定要将这种不重视学习、随便迟到缺课的风气压下去，以免影响班级的学风。于是，我采取了“小事化大”的战术，狠狠地将他们大批特批了一顿，我要通过这件事情让他们认识到好好上课、好好学习对于一个学生来说是多么重要的事情。在解决这件事的过程中，陈陈的态度不是很好，还说都是为了班集体，如果是这样，就不参加篮球联赛之类的气话。虽然他最终承认了错误，还写了保证书，但从他的眼神中，我感觉到我的教育目的并没有完全达到，这让我心里一凉。

此后，他不断地出现各种各样的问题，学习更加马虎，纪律更加松散，不仅影响到自己，也影响了班上的其他同学。我总是不厌其烦地对他进行教育，但收效不大。我想，我应该找个时机，帮他来一次大转变。

不久后的一次做操，成为我们师生关系的转折点。他做操的动作很不标准，于是他做完操后，我便把他留下来，进行个别谈话。他的眼神一开始很不友好，觉得自己比以前做的已经更到位了。我深吸了一口气，开始转变谈话的角度，我谈到了我自己，谈到了我和他的关系，也谈到了他身上的毛病，谈到了他的未来、他的人生之路，等等。陈陈边听边点头，虽然这次他没怎么说话，但是我感觉到他还是听进去了，这次谈话还是很有效果的。那天气温很低，我们都穿得很少，于是我带着他在操场上慢跑了几圈。我一边跑一边对他说：“陈陈，看着脚下，你的每一步都有一个痕迹，你的路是靠你自己走出来的，如果不想把它走歪，你就要落好自己的每一个脚印……”

第二天我收到了陈陈的一封信，信的大概意思是：一开学的时候，他觉得我这个老师很好，很真诚地对待每个学生。以前，他认为不容易和老师交心，但是相信可以和我交心。然而上次晚读发生的事，让他觉得我并不是他的朋友，不了解他，从而对我产生了抵触的心理。但是昨天我的一席话，真的触动了他的心，他真心感受到了我站在他的角度为他的未来、他的人生考虑，是真心帮助他、值得他信任的人。他愿意重新和我做交心的朋友，以后只要他出现问题，我正面提出，他一定努力改正……

看到他的信，我真的触动很大，这封信给了我很大的信心和动力，虽然这才刚刚开始。这封信使我体会到我的工作对一个学生来说是多么重要，读着他的信，我觉得我的工作有了回报，我感受到了工作的乐趣。我当即给他写了回信，表扬他的懂事和进步的决心，我相信只要他努力，一定能取得更大的进步。

也许每个学生的心都像上了锁的大门，任你用再粗的铁棒也撬不开。教师只有用真诚的关怀和发自内心的师爱这把钥匙，才能打开学生的心锁，走进学生的内心世界，成为他们心目中的知心朋友。

作者简介及教育理念：

赵静，女，1981 年 6 月出生，毕业于佳木斯大学生物科学专业，本科学历，中学生物一级教师。2005 年开始任教于坡头区第一中学，历任初二、高一、高二班主任，多次担任生物科组的备课组长。

教育理念：爱，是教育的真谛。如果学生还不能够体会理解爱，就是我们没有找到爱学生的正确开启方式。即使是普通的孩子，只要爱的方法得当，再加上多一些激励性的评价，也会成为不平凡的人。

在幸福的路上前行

■ 钟小真

1999 年，我怀揣着梦想与激情踏上了讲台，走上了教书育人之路。不经意间，将近 20 个年头过去了，我没有轰轰烈烈的感人事迹，每天都在勤勤恳恳地工作。但班主任工作却给我带来了诸多殷实的收获，给我带来一种真实的感动！

有一次，我的学生小庞违反纪律了，我就批评了他两句，一转身，这孩子居然在吞纸，还跑到走廊要跳楼。那一幕，真是令人害怕啊！当时，我就想：不敢再批评他了，否则，他真的跳楼了，后果不堪设想。可是，一味地迁就，不仅没让他改正错误，打架、逃学、捉弄同学的现象还层出不穷。我很苦恼，批评不得，迁就不行，该怎么办啊？

于是，我来到了小庞家，一位奶奶走出门，说："姑娘，你走错门了吧，我家是不会有人来探访的。"我表明了身份后，这位老奶奶"扑通"一声跪在地上，拉住我的手说："老师，您一定要救救我的孙子，他是我家唯一的希望了。"那一刻，我震住了，我真真切切地体会到这样一句教育名言：孩子在你班里是几十分之一，但是在每个家庭里，却是百分之百。原来，这孩子的父亲是个瘾君子，母亲整天赌博，家里这位年过八旬的老奶奶，不用说管教孙子，就是孩子的日常生活也难以照顾啊！

回来后，我拨通了小庞父亲的电话，一听说是老师，电话断线了。第二天，我又拨通了他父亲的电话，他回应了一句粗话后，又挂了。我没有气馁，因为我坚定地认为，这位家庭的顶梁柱就是挽救孩子的希望！第三天，我再拨通电话的时候，他说："老师，又怎样啦？别烦我。"此时，我听到电话旁边有人说："你真是不知好歹，这样对待孩子的老师……"但是电话还是断线了。我坚持到第四天，这个瘾君子终于和我谈论孩子的问题了。也许是我的坚持打动了他，也许是周围的舆论约束着他，他答应回家好好管教孩子。我深深地呼了一口气，对教育事业的这份信仰与执着终于让我破冰前行！

从那以后，小庞的作业本上有了家长的签名，他还沾沾自喜地拿来给我检查。这孩子的笑容日益灿烂了，违反纪律的次数也渐渐地减少了。每当他有进步，我都会递给他一张写满鼓励语的小纸条。而他，也会给我一个坚定的眼神，或欣然地点头。这些小小的举动都会令我涌起一种感动！每当他违反纪律，我也会严厉地批评，按照班规进行处罚。在这份严宽相济的师爱中，小庞变了。在课堂上，多了他积极回答问题的小手；在班里，多了他爽朗的笑声。此时，幸福之花在我心里悄然绽放！我更加坚定地认为：要成为孩子真正的教育者，就要把自己的心奉献给他们。

有一天，小庞的老奶奶拿着一袋花生在校门口等我，无论如何也要我收下。她说："儿子懂事了，和媳妇在镇上开了快餐店，生意不错，孙子也听话多了，生活总算有盼头了……"老奶奶嘴里念叨着感激之言，抓住我的手久久不肯放开。我们的眼里都噙着泪花。在物欲横流的当下，一小袋花生算不了什么，却是一份沉甸甸的心意，一句句感激之言朴实无华，令我收获了幸福与感动！

对于班主任来说，其实幸福很简单，就是学生一个有礼的动作，一声亲切的问候，一句响亮的回答……严宽相济的师爱，坚定不移的教育信仰，让我在班主任成长之路上收获了满满的幸福！带着这些幸福的果实，我决意不忘初心，幸福前行！

作者简介及教育理念：

钟小真，女，1981年2月出生，本科学历，小学语文高级教师，现任教于坡头区第一小学。是湛江市小学语文骨干教师、湛江市第三批名教师培养对象、坡头区小学语文兼职教研员。荣获坡头区湛江市青年教师语文课堂教学竞赛一等奖、湛江市二等奖、坡头区语文高效课堂比赛一等奖、湛江市班主任能力大赛第二名，被评为湛江市优秀班主任、坡头区教育质量管理先进个人。

教育理念：用真诚的爱心与不泯的童心去与一颗颗稚嫩的童心对话，精心施教，倾情育人。

爱和宽容的力量

■饶　燕

著名哲学家斯宾诺莎说过："人心不是靠武力征服，而是靠爱和宽容大度征服的。"显然，如果我们的班主任工作离开了爱和宽容，一切教育就无从谈起。我是一个快乐的班主任，因为我深深地爱着我班的每一个学生，付出了爱，我也赢得了学生的爱戴和尊重。

2017 年 9 月 10 日，一张自制的精美贺卡摆放在我的办公桌上，贺卡上写着几行清秀的字："班主任：您好！今天是教师节，祝您节日快乐！工作顺利！您是我这辈子忘不掉的老师，谢谢那次您对我的宽容，让我成为更好的自己。我将努力学习，报答师恩。"短短的几句话，让我眼眶湿润，幸福快乐无以言表。

捧着这张贺卡，我的思绪一下子回到几个月前那个满地湿漉漉的早上，因为前一天晚上下了一场大雨，地面到处都是水。那天早上，我一走进教室，就发现有很多同学在窃窃私语，甚至还有些同学捂着嘴笑。那时还没上早读，我就打趣地说："今天同学们捡到金子了吗？笑得那么开心！"突然，班上的"名嘴"小陈大声说："老师，是你捡到金了，而且还是一双金灿灿的拖鞋。"话音刚落，全班同学爆笑起来。我立马扫视了全班，发现平时被称作"小帅哥"的小詹趴在桌子上，头低低的，好像在等待着暴风骤雨的来临。我马上想到是这家伙闯祸了。于是，我的目光落到了他的双脚，发现他确实穿着一双金黄色的人字拖鞋，难怪"名嘴"说我捡到金了。这个家伙，昨晚自修大声讲话，影响其他同学学习，刚刚遭到投诉，现在又违反班级的规定。想到这，我怒火中烧，正准备叫他把拖鞋放到办公室。这时，我看到小詹脸色苍白，感觉好无助、好害怕的样子，似乎有难言之隐。我的心倏然冷静了下来，心想：这孩子穿拖鞋来学校会不会是事出有因？于是，我来到了他身边，轻声地把他叫出了教室，询问原因。

原来，早上小詹来校时，脚不小心踩进了一个水坑，弄湿了运动鞋。因为担心迟到，所以他跑回家匆忙换了拖鞋就来学校了。他不断地请求说："老师，我不是故意的，请给我一次改过的机会吧。"听了他的话，我陷入了沉思。本来，按照规定，不能穿拖鞋进教室，违反了规定，拖鞋就要被没收交到办公室。但是此时，我却觉得这不是最好的处理办法。小詹是个非常注意个人形象的学生，人长得帅，穿衣又讲究，头发剪得潮又不失学生本色，尤其在穿鞋子上更是注意，平日都爱穿着一双又白又干净的运动鞋，看起来非常干净、阳光。今天穿拖鞋，他也是出于无奈迫不得已的。想到这，我意识到不能当场没收小詹的拖鞋。因为当场没收拖鞋，虽然维护了班规，也保全了我的威严，震慑到了其他同学，但必然会严重伤害到小詹的自尊。试想一下，一个如此注意形象的人，让他光着脚从学校跑回家，那是一件多丢脸的事啊。也许，从此他就会憎恨如此无情的班主任和班集体，那之前我对他呕心沥血的教育就付之东流了。

小詹自从上了初二之后，变化非常大。以前不交作业、经常迟到违纪的他，现在除了偶尔上课爱讲话外，其他时候都比较遵守班级纪律。他的变化，我一直看在眼里，我何不趁现在这件事情，宽容对待他，教育他，让他变得更好呢？突然，一个两全其美的想法从我脑海里冒了出来。于是，回到教室后，我清了清嗓子，平静地对学生说："同学们，小詹同学今天早上来校的路上弄湿了鞋子，因为担心迟到，匆忙换了拖鞋就赶来学校了，如果是这种特殊情况，要不要当场没收鞋子呢？你们举个手来表态吧，觉得可以宽容，不没收鞋子的同学，请举手。"全班大多数同学举了手。我马上微笑着说："少数服从多数，大家同意不当场没收小詹同学的拖鞋了，那小詹下午你得把拖鞋交给生活委员保管。"小詹连连点头，心里满是感激。自打这事后，小詹上课时连偶尔的讲话也没有了，安安静静地坐着听课，科任老师和同学们都说他像变了一个人似的。听到这些话，我心里美滋滋的。

于是，便有了眼前的贺卡。我要好好地珍惜它，因为它是我教书生涯中得到的一块精美的贝壳。

作者简介及教育理念：

饶燕，女，1989 年出生，本科学历，中学历史二级教师，现任教于官渡中学。专业知识扎实，教学经验丰富，获区“初中历史高效课堂”教学竞赛二等奖，所讲授的《中国工农红军长征》获区公开课优秀课例。被评为学校和官渡镇优秀班主任。

教育理念：科学带班，幸福育人。

教育路上 幸福同行

■ 骆梅华

阳光明媚的周末很适合外出游玩，我却选择留在学校，因为往届的学生回来看我。隔壁同事的小孩看到这些陌生的面孔，都过来凑热闹。一位学生感叹道："好像我们读初一的时候，这两个小孩才出生吧！现在都这么大了！"我开玩笑地附和："对呀！那时候我刚来学校，就碰上你这个魔王，搞得我精疲力竭呀！"他不好意思地挠挠头，带着尴尬的微笑说："当初小不懂事嘛！"另一个女生则赶紧走过来摸着我的肚子说："班主任别跟我们计较，现在要保持愉悦的心情！以后我们有空就多回来帮班主任带带孩子，以弥补当初的过错呀！"其他同学纷纷附和道："行！"

我第一次踏入七（3）班教室的时候，一个穿着红色人字拖鞋，染着满头黄发，个子比我高出两个头，带着满脸痞子气的男生坐在桌子上大声地吼了一句："你就是我们班主任？"瞬间，本来吵吵闹闹的教室变得鸦雀无声。我慌了，心想："这真的是我的学生吗？"但我依然假装镇定，努力模仿本地口音，特意提高音量回答："是的，我是你们的班主任，请各位同学坐好，准备上课！"随后我用严厉的目光扫视了一圈其他同学，接着用余光瞄了一眼刚才说话的那个学生，发现他丝毫没有要坐端正的意思，于是我迫使自己用坚定的眼神跟他对视，碰上的是那双带着对抗与不屑的眼睛，吓得我心里直发抖。我只能友好地对他说："这位同学请坐在凳子上上课！"但是那个声音又随之传来了："谁规定上课一定要坐在凳子上？"我无奈地回答："那你想坐在哪里上课呢？"他紧逼着一句："我就喜欢坐在桌子上！"我也略带情绪地走到他身旁回答："上初中了还要老师教你上课怎么坐吗？"他顽固地说："我就喜欢坐桌子上，怎么样？"我努力克制着自己的情绪，反驳道："我想幼儿园的小朋友都懂得在教室该怎么坐吧！就像他们都懂得在厕所就上厕所，而不会选择在厕所里吃饭！”他听到这话，有些怒了，狠狠地将面前的凳子踹飞了，然后跳下桌子，接着命令旁边的同学搬凳子给他，最后以大哥的姿势坐下了。这时我明确地知道我这个班主任的威严受到了严峻的挑战，但只能采取延缓策略，选择暂时不理会他，假装淡定地走上讲台，艰难而又糟糕地上完我人生中的第一节课。

那一年，我身心俱疲，每次上课内心都无比煎熬，每次看到他总是感觉糟糕透了，每天跟同事交流的内容就是控诉他如何让我抓狂！我甚至觉得他就是我的“克星”。

有一天，我在学生宿舍的墙上意外地发现这么一句话：“骆梅华是个好老师。”我清楚地知道这句话是他写的。我经常指点他这不好，那不好，但他还是毫不吝啬地用美好的话语来鼓励我。我开始反思自己过往的教育心态和教育方式。

初二均衡分班后，“克星”又被分到了我班。得知这一消息后，我用了一天的时间说服自己要去重新接纳他。但开学第一天的第一节课我又跟他大干了一仗。我非常委屈地向前辈倾诉了这种状况，她耐心地告诉我要接受、了解、宽容学生的行为，每一个学生本性都是非常善良的，只要乐于为他付出，他一定能感受到。于是，我决定向“克星”妥协。我了解到他没人管教，所以每天总会迟到。于是我每天早上都特意换各种方式用特别温柔的声音提醒他：“早上好！该起床了！一定要吃早餐哦！”每天晚上我都发信息提醒他早点儿睡觉，跟他说晚安。像是谈了一场恋爱，过程漫长，有烦恼有甜蜜有欣慰。漫长的过程中我发现他虽然无心向学，但集体观念非常强，先后带领本班的同学赢得了班级篮球比赛的冠军和足球比赛冠军。在这个过程中，矛盾当然也少不了，例如有一天晚自习他迟到了，我生气地骂他：“你怎么死性不改，又开始迟到了！你明明都已经改变了不好的习惯，现在又想放纵自己？”意想不到的是，他居然反驳我说：“我那么久就迟到一次，你用得着这样吗？”说完他便自己跑到操场上去了。在过去很长的一段时间里，我们都相处得十分融洽，甚至可以说他对我言听计从，今天不知道他受了什么刺激，竟然如此偏激。我正怒火中烧，却收到了他的道歉短信。他说：“班主任，今晚我不是故意迟到的。我家里有事，所以心情不好，我不应该跟你吵架，对不起！”我心头一热，回复他："有什么事情先回来说吧。"过了一会儿，他回到我的面前，哭得像三岁小孩子一般，委屈地诉说着家里的事情，期待着我的安慰。我无言地抚摸着他的头，传达着对他的理解与安慰。我们的心又互相沟通了。就这样，我慢慢地了解了他的家庭和交际圈，分享他的喜怒哀乐和秘密，收获他的尊重与爱。初三的时候，我们班换到了最高层的教室，他坐的位子整天被阳光直射着，非常热。于是我提议给他换个更好的位置，但是他拒绝我，说："别人坐我这个位置，也会很热的。我习惯了，没关系，不影响其他同学就好。"我立马向他竖起大拇指，他只是羞涩地笑笑。

法国大作家罗曼·罗兰曾经说过："要播撒阳光到别人心中，总得自己心中有阳光。"每次读到这句话，我的脑海中总会出现两幅简单却寓意深刻的图画，一幅是一张白纸上有个黑点，另一幅是黑板上有一个白圈。我一直努力让自己学会以及教会学生去看到黑点之外的白纸和在黑板中的白圈。

我想，或许我们没有过人的智商，但我们有良好的心态，有坚韧的品质，有执着向上的精神和对教师职业的喜欢与敬畏，有对每一个学生的尊重与爱护，对生活的不公不怨不艾，对心中的梦想不弃不舍。只要我们拥有这些，我们就一定能够在教学中拥有幸福的资本，一定会在教育前行的路上品尝到幸福的滋味，感受到幸福的温度。

作者简介及教育理念：

骆梅华，女，1990年出生，本科学历，初中心理健康教育二级教师，现任教于官渡中学。工作中笃实好学、兢兢业业，教学上务实创新、勇于开拓。曾获湛江市中小学心理教师专业能力大赛二等奖、坡头区中小学心理教师专业能力大赛一等奖、坡头区中小学心理健康优质课比赛一等奖。被评为坡头区优秀教师，官渡中学优秀班主任、优秀教师。

教育理念：热情、阳光、自信、从容。

不忘初心　携爱前行

■ 莫晓娥

时光如白驹过隙。蓦然回首，从事教师这个职业居然十个年头了。回顾这十年教师生涯，可谓五味杂陈，和学生们相处的点点滴滴历历在目。

盛开的苔花

晓君，一个学习成绩很不理想的女生，平时在班里很不起眼。也许是基础太薄弱让她对学习完全失去了信心，升上初二之后，我发现晓君经常趴在桌子上，多次批评教育后情况并无改变，甚至越来越严重。有一次，班长带领同学们读书，我照例去教室检查。走到教室门口，发现全班其他同学都很认真地在读书，唯独晓君趴在桌子上，我走近一看，居然睡着了！顿时，我火冒三丈，大声将她叫醒。她醒来却面无愧色，做的第一件事竟然是责备同桌不叫醒她。我实在忍无可忍，第一次当着全班同学的面毫不客气地批评了她一顿，她惭愧地低下了头。放学后，我把她单独留下，和她一起仔细地分析了她最近的表现，询问她无心向学的原因，指出她不认真学习的后果。最后，我抓住她个头高挑、喜爱文体活动的特点，鼓励她发扬优点，努力学习，争取中考考上特长班。经过一番推心置腹的谈话，她明白了老师的用心，决心打起精神，至少做到上课不再睡觉，听好课。恰逢学校要举办元旦晚会，要求每个班准备一些节目。晓君得知这个消息后居然主动组织了几个同学一起排练一个小品节目。为了节目的成功，她投入了巨大的热情，上网查找资料，亲手抄写台词，利用课余时间积极组织排练，细心挑选演出服装，和班长一起制作表演道具。功夫不负有心人，最终这个节目赢得了元旦晚会一等奖。对于晓君的表现，我及时给予了肯定，并且借此鼓励她学好文化课。她倍受鼓舞，重拾自信心，学习进步不少。清代袁枚诗云："苔花如米小，也学牡丹开。"晓君就像这小小的苔花，不畏严寒，不惧酷暑，不自暴自弃，静静地、美丽地盛开了。

守得云开见月明

一分耕耘，一分收获。今年教师节恰逢周日，晚上学校照常上晚修。晚修预备铃响起，我前脚刚踏入教室，就听到班长响亮地叫了声"起立"，还没等我回过神来，全班学生就"唰"地站了起来，异口同声且兴奋而热烈地喊出了："祝老师教师节快乐！"霎时，心头一阵暖流涌起，我向学生们表达了谢意。本以为惊喜到此为止，谁知学生们坐下来后，我抬头一望，教室后面原本一片空白的黑板上不知何时已经出好了一期庆祝教师节的板报。内容简单而温馨，黑板上大大的"感恩"二字非常醒目，除了祝福语，还画了一颗很大的爱心，里面满满的是全班每一位学生的签名。我的眼有点儿湿，使劲眨了眨，没让泪水落下，但哽咽得半天说不出一个字来。一群可爱的学生，一个暖心的集体，值得点赞。这样的礼物，值得珍藏一辈子。

冰心说过："爱在右，同情在左，走在生命路的两旁，随时撒种，随时开花，将这一径长途，点缀得香花弥漫，使穿枝拂叶的行人，踏着荆棘，不觉得痛苦，有泪可落，也不是悲凉。"在教育这条路上，我将不忘初心，继续携爱前行，迎接一朵朵生命之花的绽放。

作者简介及教育理念：

莫晓娥，女，1984年8月出生，2008年毕业于韶关学院，本科学历，中学语文二级教师，现任教于乾塘中学。一直从事语文学科教学工作，多次担任班主任工作，工作认真负责，教育教学基本功扎实，注重课前准备和学生听、说、读、写的训练，使学生养成良好的学习习惯，掌握有效的学习方法，教学效果好。被评为坡头区优秀教师和优秀班主任。

教学理念：教育，爱先行。播撒阳光育桃李，浸润书香谱华章。

课堂上的一次表扬

■ 凌淑华

今年，我任教二年级语文。班里大部分孩子比较活泼，上课时回答问题挺积极的，但还有几个学生不怎么主动发言，其中有个叫盈盈的小女孩，听课很认真，还写得一手工整秀气的字，但就是缺乏自信，上课从不举手发言。

一天上课，我让学生读生字。孩子们争先恐后地举起了小手，唯有盈盈默然不动。我知道她不是不会，而是不愿意发言。于是，我说："孩子们，放下你们的小手，老师点到谁，谁来读，好吗？""好！"孩子们异口同声地回答后就坐得端端正正的，等着我来点名。我点了盈盈的名字。她站起来很快读完了黑板上的生字，而且普通话讲得很标准，声音也很甜美。她读完后，我连忙表扬："读得多好呀，声音真甜美，发音真准确，盈盈的声音这么好听，大家是不是想在课堂上经常听到呀？"孩子们都说是。"那现在大家给她鼓鼓掌，鼓励一下吧。"我继续说。接着，热烈的掌声就响起来。我再看看盈盈，小姑娘正红着小脸开心地笑着呢。从那节课以后，盈盈的小手敢举起来了，她回答问题的次数明显比以前多了，有时还跟别人交流自己的想法和认识，这些变化也使她变得更开朗活泼了。

开家长会时，她的妈妈告诉我说："凌老师，我们家盈盈可喜欢你了，她总说，我最爱上凌老师的课了，我也喜欢在课堂上发言了，因为凌老师说我的声音甜美、好听！我以后要多发言。"家长脸上洋溢着灿烂的笑容，她对女儿的改变很满意。我也没想到课堂上一次不经意的表扬，竟会有如此大的效果。

作为教师，我们要时刻关注孩子，注意自己的评价语，有时一句不经意的话语，一次不经意的表扬就能改变一个孩子。

作者简介及教育理念：

凌淑华，女，1997年参加工作，小学语文一级教师，现任教于官渡镇东岸小学。曾被评为官渡镇优秀班主任、坡头区优秀班主任。获坡头区小学语文教师高效课堂教学二等奖。

教学理念：以爱之匙开启学生的心扉，点燃希望之光，让学生快乐地成长。

巧妙批评　春风化雨

■ 黄小梅

窗外的街灯，像一颗颗夺目的珍珠，照亮了漆黑的夜。街上偶尔传来的几声汽车鸣笛声，提醒我现在已是凌晨。本该酣然入睡的我，此刻却了无睡意。看着学生们陆续给我发来的微信，我思绪万千，百感交集，看来，今夜注定无眠了！

“老师，谢谢您，谢谢您三年来对我的辛苦付出，是您的坚持和用心，让我慢慢地改变了自己。明天就要离开学校了，我会永远牢记老师的批评和叮咛……对不起！老师，我们让您操心了。人生路上，我会时刻把您放在心上。打扰了，老师！晚安！”这是其中的一条留言，来自学生小骆。他可是一个曾经让同学生厌、让老师头痛的“大霸王”。看着他从一个莽撞少年成长为一个懂得感恩的知性男孩，我的眼泪忍不住“吧嗒吧嗒”地滴落在手机屏幕上，内心除了欣慰还有感动。我细细地品读那一行行深情的文字，眼前不断交替出现孩子们灿烂的笑脸，脑海中不由自主地浮现出这些年和他们相处的点点滴滴，那过往的一幕幕，仿若昨天，真切而又明晰，令我久久不能自已……

“老师好！”“同学们好！”怀着愉快的心情，我开启了初一（3）班班主任之旅。点完名，还缺一个，谁呀？开学第一天哦！蓦然，从后门闪进一个影子，他坐下，不吭声。见此情景，我想着怎么也要树一下老师的威严吧，便指着他说：“这位同学，请问你为什么迟到？进来也不报告一声。”本以为他会自然而然地向我道个歉，怎料他居然站了起来，愤愤地呛了我一句：“我就是迟到了，又怎么啦？”好家伙！看来，班里来了一个不好对付的角色。“忍一时风平浪静，退一步海阔天空。”这时候，我并没有发火，只是示意他坐下，然后，我对全班同学说：“好的开始是成功的一半！我希望每个同学都能在开学的第一天，遵守学校的规章制度，养成不迟到、不早退的好习惯！”说完，我偷偷地瞄了他一眼，看到他面无表情，我知道，接手这个新班，我第一个要面对的“烫手山芋”就是他了，小骆，一个狂妄的大男孩！

开学一周后，我了解清楚了他的家庭背景。他来自单亲家庭，自小父母离异，父亲长期在外经商，他跟随年迈的奶奶在家里生活。接下来的日子，他以王者的姿态隔三岔五地在班里找别人的麻烦，不是欺负同学，就是在上课的时候起哄。同学们对他都避而远之，科任老师对他印象很不好。我曾多次找他谈话，但效果甚微。这家伙就像一个刺猬，硬碰他，他会刺伤你，不理他呢，他又像螃蟹一样横行。看来，面对这样自负的学生，我要另想办法了。

那是一个星期三的下午，第二节课是自习课，每个班都静悄悄的。那天是我值日，我没有像往常一样马上进入教室，而是在窗外偷偷观察同学们的表现，看到同学们正在全神贯注地答着试卷。但小骆一直站着，没有坐下，耳朵还塞着一个耳机，站在那里摇头晃脑。见此情景，我轻轻地走进教室，问他为什么不坐下。他扫了我一眼，轻描淡写地回答：“椅子让我摔坏了，没法坐。”末了，他还得意扬扬地补上一句：“站得高望得远！”我听了，并没有生气，想到的是必须先弄清情况。于是，我就问他：“为什么把凳子摔坏了？”“下课的时候，宇航骂我是‘野狗’！我就用椅子砸他，椅子就摔坏了。”他瞪着眼睛，一副很气愤的样子。在问过卢宇航没有被砸到后，我并没有继续追问这件事，也没有骂他，而是径直去办公室把我用的椅子拿过来给他坐。他一脸惊讶，愣了一会儿，还是坐下了。显然，他对我的举动有点儿始料不及。放学后，小骆把椅子搬回我的办公室，红着脸，说：“老师，不好意思，我不应该砸椅子的。你刚才不但不骂我，还搬来椅子给我坐，谢谢你。”“没事，知错就好！我知道你并不是故意的，只是控制不了自己而已。老师相信，你并不是一个品性坏的孩子。”我趁机平心静气地指出了他的错误所在，教育他要爱护公物，与同学友好相处，不能在上课时戴耳机听歌，这既浪费了自己宝贵的学习时间，又影响了他人。他很诚恳地接受了我的批评教育。事后，小骆不但把自己的椅子修好，还把班上那些破损的桌椅也给修好了，这一次，让全班同学都对他刮目相看。

正当我为小骆的改变而高兴的时候，接下来发生的一件事，让我觉得对他的教育还任重道远。那天下午体育课，天刚下过一场大雨，万里碧空中挂起了一道五彩斑斓的彩虹，球场上的草经过雨水的洗礼，越发绿得发亮。同学们正在跑道上进行着紧张的体育训练。这个时候，小骆趁体育老师不注意，偷偷地跑进了足球场，在草地上又蹦又跳的，好不惬意。很不巧，他被值日的校领导逮个正着，扣了本班的考核分，引发同学们的不满，纷纷指责他的不是。事后我问他为什么不去训练，告诉他这不仅仅是班被扣分的问题，中考70分的体育分也是相当重要的，没有平时的努力付出，哪能收获中考的硕果？然而，他一点儿也没有意识到这些，还处处在为自己辩解，一会儿说没有跑步的钉鞋，不想跑；一会儿说跑累了，只想歇会儿；一会儿又说天气闷热，头痛跑不了。我没有当面批评他，我始终认为讲道理是教育学生的最有效法宝。于是，我拉他坐了下来，说："来，小骆，难得老师今天有空，给你讲个故事吧。"于是，我给他讲了一个充满哲理的小故事：从前，有一个人，每天起床透过窗户，都看到邻居正在晾洗好的衣服，但那些衣服总是青一片、黑一片的，好像还没洗过。于是，这个人从心里嘲笑邻居的愚蠢。一天，他们在门口相遇，这个人便对邻居说："我真弄不懂，你每天花那么多时间来洗衣服，但洗过的衣服就跟没洗过一样。"邻居听了，默不作声，只是用手指了指这个人的窗子。这个人不解，当他走近自己的窗户一瞧，脸热辣辣地红了起来。原来，不是邻居没把衣服洗干净，而是自己家的玻璃窗太脏了，青一块，黑一块的。这个小故事告诉我们一个道理：遇到事情不要总归咎于别人，也不要找太多无谓的理由，应该多往自己身上找原因哦。听完这个故事，小骆深有感触，不好意思地低下了头。他小声地对我说："老师，我明白了。"我摸了摸他的头，笑着对他说："明白就好，我就知道你是一个有悟性的孩子！这次扣了分，不打紧，下次你把它加回来！老师相信你！"自此，他开始遵守学校纪律，积极进行体育训练，在校运动会上，他还主动参加了跳远、跳高、100米跑等项目的比赛，并获得了两项冠军，为班集体争了光。那天，我当着全班同学的面大大地表扬了他。他很激动，眼角情不自禁地泛出了泪花，这来之不易的荣誉让他受到了前所未有的鼓舞。

冬去春来，时间就这样过得悄无声息，我和他的故事每天都在不重复地上演。平时，我像母亲一样关心他的生活。课余时间，我让他到我的房间玩，有空就邀他一起打篮球。上课时，我常有意识地提出一些简单的问题让他回答。我们还是微信好友，聊学习，聊人生、美食、旅游……还有对情感的困惑。慢慢地，他向我敞开了心扉，我们变成了无话不谈的好朋友，我也成了他生活中最信赖的人。慢慢地，他粗暴的性格开始变得温顺，行为举止也变得文明有礼，遇到事情也能够冷静应对，就算有时犯错，也能意识到自己的错误，并认真改过。他把主要的心思都放在了学习上，成绩也就慢慢地提高了，期末考试还获得了成绩进步奖。目睹这一切，我觉得自己的所有用心都值得了！

三年来，类似这样的事情太多太多，有些云淡风轻，有些历历在目，但遇到每一件事，我都不曾想过放弃，其中有一件事我更是记忆犹新。有一次，学校发动全校师生为孤寡老人献爱心，为此，我还特意开了一个主题班会，号召同学们进行捐款。那天，我自以为班会开得很成功，同学们都已经认识到尊老敬老的重要性。然而，事情并不像我想的那样，结果出乎我的意料，班中捐款少得可怜，更甚的是，有部分学生宁可花钱买零食，也不愿捐，中华民族尊老敬老的传统美德在他们身上根本得不到体现。有些同学甚至振振有词："国家可以养他们呀，我们现在还不会挣钱，拿什么捐款？""捐这么点儿钱，能起什么作用呢？"看来学生并没有真正领悟到献爱心的真谛。于是，我决定组织一次活动，以境入情，来对他们进行思想教育。星期六上午，正值盛夏，太阳早早就露出了灿烂的笑脸，树上的知了也不甘寂寞地唱起那简洁的曲儿。我组织全班同学到学校附近村庄的五保户家，为老人做好事。起初，有的同学还不愿去，当去到那些老人的家后，他们呆住了。老人们的家都是那么简陋，家里连一件像样的家具也没有，更别说有什么冰箱、空调了。这么热的天，老人们为了节约电费，连风扇都舍不得开，拿着一把旧扇子在那里扇啊扇。看见同学们来了，老人们都很高兴，赶紧把风扇扭开，皱巴巴的脸上堆满了笑容。再看看老人们的饭桌，几乎都是咸菜干或者煮一锅可以吃几天的咸鱼。同学们想到自己在家吃的是妈妈精心准备的大鱼大肉，享受清凉的空调，再想想这些老人的生活、居所，想到之前的言行，大家都不好意思地低下了头。其中一位老人颤抖着身子，紧紧握住我的手，说："谢谢你们来看我，你们都是好孩子。"那一刻，我觉得鼻子酸酸的，同学们的心也一下子揪紧了，有愧疚的，更多的是从心底油然生出对老人的怜悯之情。大家马上七手八脚地干起活来，擦窗、洗桌椅、拖地板……忙得不亦乐乎，全然忘记了天气的闷热。干完活后，大家还陪老人聊天，为他们唱歌、跳舞，老人们都高兴得像小孩一样。活动结束后，同学们都深有同感，都懂得了在日常生活中要多关心老人，孝敬老人，尽自己的能力去帮助那些有需要的人。回到学校后，大家主动掏出了自己的零用钱，结果捐款公示，我们班捐的款全校最多，还得到了学校的表扬。

“铃铃铃”，我的思绪被闹钟吵醒，不经意间，天亮了。想到同学们即将毕业，内心顿感不舍，但生活就如同一条奔流不息的河，而我和学生的精彩故事还将继续下去。种树在根，育人在心。每个学生就像是一本厚厚的书，每本书有着迥然不同的风格，而我就是那个用心品读的人。我用爱与耐心，读懂了他们，我的心房处处书香弥漫。巧妙批评是一门艺术，我相信，只要用心去指引学生，就一定能收到最佳的教育效果，同时，也会收获学生回馈给我的满满的情和爱。

作者简介及教育理念：

黄小梅，女，1977年12月出生，本科学历，初中英语一级教师，现任教于坡头区第一中学。从教20年来，工作兢兢业业，认真负责，全身心地投入班级管理中，以爱心感染学生，用勤奋书写业绩。被评为校级优秀班主任、坡头区优秀班主任、湛江市中小学生英语口语大赛优秀指导教师。

教育理念：种树在根，育人在心。

守候花开

■ 黄本球

成功之花，人们往往惊羡它现时的明艳，然而，等待芽儿抽苗、骨朵儿含苞的过程却是漫长而艰辛的。花开的瞬间是美的。守候花开的过程也别有一番美丽。

——题记

还记得刚进入爱周中学任教的第一年，我带了两个普通班，学生的基础都比较薄弱，成绩也参差不齐。第一学期期中考试，一个女生的数学成绩全班垫底，40分的选择题只得了5分，解决问题写得密密麻麻麻的，但步骤得分却非常少。于是，我对她留了个心眼，注意观察她课堂的表现——精神不集中，手里拿着笔却不知神游到哪里啦。再与其他科任教师交流后得知，她各科成绩都一塌糊涂，尤其是理科。她平时从不与老师交流，嘴巴撬也撬不开。正当思索着怎么拉这个学生一把时，我突然听到语文老师在办公室赞扬她周记本上的一首诗。原来她的诗还写得挺不错的！或许写作就是她的强项，甚至是我对她“进攻”的突破口！我豁然开朗。

早读课，我有意和她聊起了语文学习，和她谈起被语文老师赞扬的那一首小诗。“看来你的写作能力还挺不错的哦！”一句看似平常的话打开了她的心扉，她腼腆地笑了笑。于是，我顺势问她：“可是期中考试似乎考得不太理想，是不是发挥失常啦？”停顿一会儿，她小声地说：“我运气太差啦！选择题四个选项，排除了两个选项，剩下的两个，我却拿不定主意，最后选错了。除了数学，物理、化学也是这样。而数学后面的解决问题，我的思路好像都和老师你的差不多，可是不知为什么就是连步骤分都没有。”于是，我们一起重新分析试卷失分的原因：解题思路不错，只是没有找到关键的隐藏条件。我建议她平时多做基础性的题目，对于不会的题目，可以先翻阅一下参考答案，看看能不能看懂每一步的含义，如果可以，再重新做一遍。另外，我还建议她要多接触不同类型的题目。听了我的建议后，她没有说好也没有说不好，只是安静地点点头。当时我以为自己又做了一次“无用功”。一天下课后，这位学生塞了一本课外辅导书给我，说：“黄老师，你帮我看看我答得对不对？”从此以后，她不时地拿着做好的数学题让我给她讲解。

学期快结束了，迎来了期末考试。这位学生的成绩虽然说只是进步了一点点，但是基础知识扎实了很多。一天，我收到她发来的短信：“黄老师，一直想跟你说声谢谢，谢谢你的鼓励！”这短信虽然简短，却给我带来极大的震撼与思考。

拉她一把，只是出于对工作的负责。对于刚走上三尺讲台的我，从没有想过自己的一言一行会给学生带来如此快速、如此深刻的影响。十五分钟的早读谈心，得到的不仅仅是学生的一点点进步，不只是一声“谢谢”，更重要的是，学生由此得到了鼓励。一句来自数学老师不经意的话，竟然重拾了一位学困生学习理科的兴趣与信心！

是呀，老师一个不经意的行为，对学生终身的发展可能产生不可估量的影响；老师一句不经意的话，可能会创造一个奇迹；同样，老师一个不经意的眼神，也许会扼杀一个人才。

另一班的一个学生，成绩中上，但性格很好，经常向同学和老师请教。然而有一段时间，我发现他上课不是睡觉就是发呆，笔记不记，作业敷衍了事。有一次上课，这位学生竟然毫无顾忌地趴在课桌上打呼噜。为了不影响教学秩序，我冷冷地对他说了声：“把笔记补充完整拿给我检查！”但是，课后我左等右等就是等不到他的笔记，生气之余又不忍心让他这么散漫下去，借用语文老师的一句话——这是未来的栋梁之材。于是，整理好情绪后，我利用晚修的时间找他谈谈。

“我等你的笔记很久了，什么时候能拿给我看看？”我平和地说道。

他只是低着头，一言不发。

“我一直在等你什么时候能主动找我呢。”

沉默。

“我觉得你最近比较反常，能不能告诉我是不是发生了什么事情？”

“我一直没有拿给你看，而你也没有找我，我以为你对我失望了，不再管我了。”

“怎么会有这样的想法呢？老师一直在等你，等你意识到自己的错误。做错事情并不可怕，可怕的是没有承认错误的勇气。”

“不是所有的人都像你那样愿意听解释的。”

“你不说出来又怎么知道别人不愿意听呢？”

“不是的。就像那个老师，我只是把书本落在宿舍里，不是故意不带书上课，她就把我的作业扔了，还说我以后不用写作业啦。”

“你有没有跟老师解释呢？”

“没用的。”

“你不尝试又怎么知道没用呢？不要用自己的揣测去解释别人的行为，要学会沟通，尤其是发生误会时。”

…………

一个晚修的时间很快就过去了，这个学生把连日来憋在心里的话都说了出来。扔，老师一个表示生气的随意性的动作，却对学生的心理及自尊心造成莫大的伤害，并因此产生一系列错误的抵抗性行为。学生的心理是敏感的，学生的自尊是强烈的，一个不经意的动作，可能深深地烙印在他们的心里。

正因为老师的力量如此强大，我们更应该谨言慎行，并且经常回顾自己的教学历程，反思一下：我们点亮了多少双灵动的眼睛，又无意间暗淡了多少期盼的目光；我们滋润了多少嗷嗷待哺的心灵，又遗忘了多少不该遗忘的角落。

三尺讲台，道不完的教育故事，演不完的人生风景。不时拾掇，细细感悟，期待花开的灿烂，同时也要懂得欣赏绚丽多彩。

我的教育故事

■ 黄观生

教师被称为人类灵魂的工程师，被喻为蜡烛，被喻为园丁。作为一名教师，我觉得很自豪，回忆起我从教的经历，故事多多，有苦有甜，颇多触动，颇有成就感。

老师眼中没有差生

2008 年我教了一个叫土兴的学生，他在初一、初二的时候，不遵守纪律，成绩也差，还经常和老师对着干，教过他的老师都觉得头疼。到了初三，我当了他的班主任，有老师好心提醒我，要特别注意他，不要让他把班带坏了，影响中考成绩。因此，一开始，我对这个学生就特别留意。

开学时，我对他说："土兴，请到我办公室来一下。"他跟着我来到办公室，我对他说："以前教过你的老师对你的印象都不好，为什么呢？""老师，我不是差等生！"他很不高兴地说。"那你也确实做得不好呀。""老师，我也想表现好，但由于我的基础差，领悟能力也差，成绩差，很多老师不喜欢我，认为我是一个差生，经常批评我。后来我就干脆和他们对着干了，谁叫他们认为我是差生？"我对他说："老师我不认为你是个差生，老师希望你用行动证明老师说得不错。"他说："会的。"

那次谈话之后，我就经常找他谈心，谈做人，谈学习，谈人生，我们的关系融洽了。我也告诉其他科任老师教育他要有耐心。慢慢地，他开始变了，学习变得认真，做事积极了，对老师也有礼貌了。但也有些同学认为他是做样子给老师看的。有一次，一个同学对土兴说："差就是差，装什么装。”土兴一听，火了，就和那个同学起了冲突。我狠狠地批评了那个挖苦土兴的同学，不应该以成绩和过去的表现来看待一个同学，应该多看同学的进步。那个同学意识到自己的不对了。我也教育土兴不能太冲动。借这个机会，我在班里教育学生，要正确看待每一位同学，要多看别人的优点，多看别人的进步。在老师的眼里，我们班里没有一个同学是差生，只有进步快慢的差别。同学们要互相帮助，特别要大力帮助那些进步还不快的同学。我这是在为土兴营造一种良好的氛围。我看得出，在我讲话的过程中，土兴露出了激动的表情。

在我的鼓励和表扬下，在科任老师的共同教育下，在同学们的帮助下，土兴进步很快，懂得尊敬老师，关心同学，学习成绩提高也快，原来大家眼中的“差生”终于不差。中考时，土兴如愿地考上了爱周中学。

是的，老师的眼里是不能有差生的。老师要以关爱的目光看待每一位学生，多鼓励、多表扬学生，这样，学生就会有进步。

尊重学生的自尊心

2010 年我又接手一个班，班中有个叫日明的学生，他有一些生理上的缺陷：一只眼睛失明。由于身体有缺陷，这个学生有些自卑，脾气有点儿暴躁。这让我想起了《假如给我三天光明》中的海伦·凯勒。海伦·凯勒在没有遇到沙莉文老师前也有这样的情绪。由于情绪不好，日明不能很好地投入学习，成绩也不好，同学慢慢地疏远他，甚至有些同学还取笑他，这让他更苦恼。

面对这样的学生，要引导好他，绝不是一两天、一两件事能做到的，也不是一两个老师就能做好的。为此，作为班主任，我和科任老师达成了共识，要抓住一切机会，找准契机，和他谈人生，谈理想，谈生活中的点点滴滴，帮助他树立起自信心，让他找回做人的尊严。同时，我也私下里告诉同学们，不能歧视这个同学，应该去接近他，帮助他，鼓励他，让他和大家一起进步。同学们也做到了，和日明相处得很好，没有谁再取笑他，他成了我们班正常的一员。因为得到老师和同学们的关爱，他找回了自尊，做事有信心了，人也变得开朗了，平时和同学有说有笑，尊重老师，认真听课，成绩也上来了。现在他在一个汽车修理公司做技术人员，成才了，我也感到很高兴。

作为一名老师，要关爱学生，激励学生，鼓起他们奋斗的信心，这当中最重要的一点就是尊重他们的自尊心。

高度关注困难学生

在一个班级里面，总有几个家境不那么好的学生，老师要高度关注他们。2016年我教的观弟和日华两姐弟，就属于家庭困难的学生，他们的父亲身体不好，全家生活的担子都落在母亲身上。

这两姐弟读书很认真，做事很积极，学习成绩也好，但家庭经济困难，生活很不好。他们曾有放弃读书的念头。知道这一情况后，我发动全班同学去帮助他们，我尽了微薄之力，好让他们安心读书。我不断地鼓励他们，让他们明白困难是暂时的，不能因为困难就放弃读书，要走出生活的困境，就要读书。我跟他们说，国家政府会帮助他们，教育部门会帮助他们，学校会帮助他们，老师、同学们会帮助他们。在我的鼓励和大家的帮助下，他们一直坚持下来，最后，在中考中，他们以优异的成绩考上了坡头区一中。我了解到，他们在区一中的成绩也很好。

在我的教书生涯中，有很多教育故事，每个故事都是那么精彩。关爱学生，让每个学生都健康快乐地成长，这是我的教学理念。我一如既往地全身心投入教育教学工作中，把我的爱洒给每一个孩子，不忘初心，继续前行。

作者简介及教育理念：

黄观生，男，1982年2月出生，本科学历，中学二级教师，2006年8月至今任教于坡头第二中学，一直担任初中语文教学及班主任工作。工作中，恪尽职守，兢兢业业，曾被评为坡头镇和坡头区优秀班主任。

教育理念：关心学生，理解学生，以爱育人，让学生健康快乐地成长。

用爱守护　静待花开

■ 黄润弟

斯宾诺莎说过：“人心不是靠武力征服，而是靠爱和宽容征服。”主动去关心学生就是教师开始真正爱学生的体现，是教好每个学生的重要保证。

记录一

俗话说：“金无足赤，人无完人。”“尺有所短，寸有所长。”即使是学困生，也有他们各自的闪光点，而他们的闪光点就是我们施教的支点。

2013 年我任教的一个班，有个叫志雄的同学，他父母一直在外务工，工作比较忙，对他无暇管理，所以他成绩不佳，经常迟到、逃课。但志雄同学集体荣誉感较强，待人特别热心，篮球也打得不错。我想，要改变他就要“扬其长，避其短”，从打球切入。于是，课后我经常与他切磋球技，和他结成球友。有一次，在赛场上他很漂亮地连续投进了几个三分球，全场爆发出一片欢呼声。我告诉他：“做任何事只要努力就能做好，你的球打得好，书也可以读得好。”他听了我的话后，若有所思。在他稍有进步时，我就在班会课上表扬他，把他当作典型去鼓励其他的学困生；在他犯错误时，我会给予适当的批评，为了不给他造成心理压力，我一般选择在操场或蘑菇亭跟他散步谈话时进行批评。生活上他有什么困难我都尽力去帮忙。就这样，我们之间的距离明显拉近了。得到我的鼓励、肯定和关心后，他很高兴，改变了以往的许多缺点，学习也明显努力多了。

记录二

学生离开父母，来到学校寄宿，在一个陌生的环境里生活，是很容易感到孤独的。这时他们非常需要我们的帮助。所以我很关注住宿生，平常尽量多询问、关心他们，让他们感受到在学校也如在家一样温暖。课后我争取与学生多接触以增进师生之间的感情，走进学生的内心世界，使师生关系更加融洽。

我班的石凤同学，老家在广西。2014 年，她进入我班时，性格非常内向，说话吞吞吐吐，做事畏畏缩缩，学习不主动。刚开始，我安排学习委员与她同桌，在学习和生活中帮助她。我经常利用课后时间与她一起聊天，了解她学习和生活的细节。学校召开家长会，她妈妈抽空过来参加，我便将她在校的情况向家长反映，建议家长多与孩子沟通。经过长时间的相处，我们之间的交谈进展得不错，她从最初的点头、摇头，到简单的“嗯”“不是”“没有”，最后到了我问她答。5 月 15 日，晚修我下班时，她突然拿着练习册对我说：“老师，这道题我不会。”她敢于说“不会”，我听了特别高兴。我耐心地为她分析讲解习题，高兴地告诉她，听到她能提出问题，老师特别开心，希望她能继续大胆地提出问题，努力学习。渐渐地，她比以前开朗多了，有问题能主动请教老师。虽然现在她的性格还比较内向，不够活泼开朗，但我相信，只要加强与大家的交往，她一定能在所有同学面前很好地展示自我的风采。

平常多与学生沟通交流，可以增强师生之间的感情，赢得学生的信任。亲其师，信其道，老师真正成了学生的良师益友，你的教育就成功了一半。

记录三

有些孩子生活在单亲家庭或组合家庭，他们的心理或多或少会受到影响。我们应走进孩子的家庭，了解孩子的生活环境，及时与孩子沟通，抚平孩子心灵的创伤。这类孩子普遍是缺乏爱的，心灵很脆弱，遇到困难和伤心难过时得不到倾诉、理解和帮助，就会把所有的伤心难过都放在心中。他们不容易信任他人，往往显得孤僻、寡言。随着年龄的增长，内心积压的负面情绪会越来越多，特别是在青春期，这些孩子很容易走上极端，或走入人生的误区。所以我们需要及时去了解和沟通，帮助他们走出困境。

2015 年，我班的文杰同学，最初给我留下较深刻印象的是那次我在班上表扬他，他有两个小酒窝，露出阳光般的笑容。可怎样也想不到，有一次，因为同学不小心把他的文具盒碰倒在地上，他竟然趴在座位上整整四节课，说什么都不肯抬起头来，甚至身体还在抽搐、颤抖。我越问他、拉他，他的反应就越大，当时我吓坏了，连忙打电话给家长，了解他有没有什么病史。证实没有后，我就让其他同学不要过去打扰他，让他好好静一静。放学后，他渐渐冷静下来了，我就与他谈心，问他愿不愿意跟老师做朋友，问他的爱好，等等。后来聊到他的家庭生活，我才得知他是单亲家庭的子女，和妈妈一起生活。妈妈工作忙，无暇顾及他。有时他想玩玩手机，妈妈就会责骂他，平常对他很严厉，让他感受不到亲情，性格逐渐变得内向。他认为同学们都不喜欢他，故意针对他，今天是同学故意摔他的文具盒，所以他感到气愤。我很吃惊，告诉他："妈妈的教育方法可能存在一些问题，但妈妈也是为了你好，你要明白妈妈的良苦用心。班上的同学不会不喜欢你，碰倒文具盒的同学真是无意的啊，老师也特别重视你。"通过交谈，我知道他特别喜欢打羽毛球，于是送了他一副羽毛球拍。他渐渐变得开朗了，喜怒哀乐也会表现在脸上。这些变化，让我觉得很开心。

初三毕业了，我送给他一句话：人生的路上会碰到幸运与不幸，遇到幸运时不要得意，要珍惜；遇到不幸时，不要气馁，把它当作一种历练。不管什么时候都要敞开自己的胸怀去感受生活中的每一滴爱。现在他已是高二的学生了，偶尔还会在微信上与我聊聊学习近况。

教书育人，任重而道远。我们用心呵护每一位学生，用爱的清泉浇灌早开迟开的每一朵"花朵"，让他们沐浴着阳光雨露，健康成长！

作者简介及教育理念：

黄润弟，男，1984 年 11 月出生，大学本科学历，中学语文一级教师，现任教于坡头第二中学。是校骨干教师、坡头区优秀班主任、湛江市骨干班主任、坡头区第一批名班主任培养对象。在班主任工作中，一直秉承"用心沟通，细节德育"的理念，以"倾听、信任、关爱"为原则，以"尊师守纪、团结互助、勤学善思、乐观进取"为管理目标，努力培养学生自尊自爱、自立自强、自信自律、感恩负责的品质。

教育理念：捧着一颗心来，不带半根草去。

教人变

■ 黄雪梅

教育是什么？教人变！教人变好的是好教育，教人变坏的是坏教育。活教育教人变活，死教育教人变死。不教人变、教人不变的不是教育。

——陶行知

还没走进六（1）班教室，我们已经感觉到教室里正在大闹天宫，跑动声、嬉笑声、争吵声都有。领我报到的唐校长很不好意思："黄老师，这个班就这样，辛苦你了！"话音刚落，我差点儿被撞倒。定神细看，唐校长已经一把抓住了那个孩子：背心下两条黝黑发亮、肌肉结实的臂膀最抢眼，个子不高，五官长得很端正。"小唐，班上最壮实的一个！"就这样，我认识了支教生活中的第一个学生。

第二天大课间，巡视队伍时我发现小唐右脚的大脚趾趾甲外翻，便叫停他，一看，哎呀，还有血水在渗出！天哪！这孩子不疼吗？十指连心呀，换成我们都受不了，更别说一个孩子了！怎么弄的？在学校发生的吗？怎么没听他说？也没见其他学生反映？我一肚子疑问。他一改昨天的活跃，腼腆地说："砸的，被铁砸的。""消毒了吗？打破伤风针没？怎么不包扎一下？""老师，他家里人不管他的。""他家是收废品的。""他没有妈妈了。""他家就在学校对面。"……他低着头没回答我，倒是其他学生七嘴八舌地说着。"还说？"他喝了一声，大家不敢吭声了。班长说学校没有卫生室，我让她到我宿舍去拿了一瓶碘附和一盒止血贴过来，帮他消毒后轻轻贴上止血贴，以防不注意再掀到翻起的趾甲。然后，我把剩下的药物给他。在他红着眼睛伸手过来接的那一刹那，我再次感到震惊：这孩子的手指比成人的还大，满掌的老茧和伤痕！

放学后我到教室去，居然没看见小唐，之前叮嘱过他的，放学后等我跟他回家。学生都很热心，主动要求带我去他家，不，严格来说，是他叔叔的家。三年级时，他爸爸就送他到这，跟随叔叔婶婶一起生活。随着学生的指引，我们走出校门便到了他家：一家小型的废品收购站，一栋两层楼，一楼堆放着很多废品。我们在门口叫了好几声才有个老奶奶出来。学生说，这是小唐婶婶的妈妈。“外婆，小唐在家吗？”“不知道。”“他的脚受伤了，需要打破伤风针。”“知道了。”老人说完就进屋去，不再搭理我。

下午小唐没来上课，学生说他经常这样。和校长反映，校长说这是个特殊的孩子，不完成作业、随意旷课、欺负弱小是家常便饭，家长也不配合学校的工作。放学后我再去他家，怎么喊都没人应，出门往市场走，居然发现他正吃力地拉着满满一车纸皮往回走，脚上的止血贴又红了。我躲了起来，实在不知道该怎样面对他。此刻，我终于知道这孩子为什么会有着和他年龄极不相称的结实的臂膀肌肉、粗大的手指以及满掌的老茧、伤痕了，也终于理解了他在学校的捣蛋行为源于家庭的压抑。这个凡卡般的孩子啊，让人心疼！

从此，对待小唐我也多了个心眼。

转眼到了第三周，上课时我经常发现小唐趴在桌子上，一只手还在抽屉里。我猜测他应该是在玩手机，但是他怎么会有手机呢？是他的吗？周三上午放学后，数学科林老师递来一个黑色壳智能手机，大概也就两三百块的旧机，说：“小唐的，数学课光明正大地玩手机，你处理吧！”这家伙，果然是在课堂上玩手机！

下午上课，他主动来向我认错，并且保证以后都不带手机回学校，也不在课堂上玩手机，请求我把手机还给他。我问他能否做到？如果做不到如何处置？他很爽快地说：“老师你说怎么样就怎么样。”“好！那我再发现或者有同学告诉我，你带手机回学校并且在课堂上玩，第一次我会警告你，第二次我会就地砸烂你的手机，没有第三次。”他表示同意，我也就把手机还给了他。晚修时间我到他家里，将此事告知他叔叔，请家人加强监督，他叔叔却很不耐烦地摆摆手：“我管不了他。”

第四周周二早上，有同学偷偷告诉我，早上小唐又带手机来了，上英语课一直在玩，没人敢说他。下午音乐课，我去巡班，果然，他低着头又在玩手机！我在窗外站着，同桌捅了一下他，他转头看见我，急忙把手从抽屉里抽出来，坐端正。这是第一次警告。

周四下午语文课，大家都在高声朗读，小唐竖起课本，也读得很卖力。我站在讲台上，总感觉哪里不太对劲。我悄悄走下讲台，这家伙，居然把手机放在书本前看电影！

我心里的火一下子就冒起来了，我真想马上砸了他的手机，可是砸了妥吗？砸还是不砸？叫停全班同学，我问他："上周三你怎么和老师保证的？老师怎么跟你说的？"他慌乱回答后，我问他砸不砸？他低头不吭声。"啪！"我拿起手机，随手一砸，手机裂成两块。教室里瞬间鸦雀无声，同学们什么表情都有。而眼泪在小唐眼里打转。

言之有信！我必须砸！

周末恰好碰上国庆节，我回到家，第一时间把儿子的一块价值三四百元的乒乓球拍塞到行李袋里。其实，砸手机时我就想好了：手机不能白砸，我要为这孩子做点儿什么。小唐喜欢打乒乓球，可他老抢别人的球拍打。我砸掉手机，送个球拍给他，让他好好练球，好好和同学相处，好好融入集体。

国庆节过后回到学校，我第一时间找小唐，送给他两样东西：一块球拍，告诉他老师不会白砸他的手机，拍上有老师对他饱含殷切希望的寄语；另一样是一个大月饼，中秋虽然过了，但老师愿意把月饼当蛋糕送给他（山上没有蛋糕店），祝他生日快乐——10 月 9 日是他生日！眼泪又一次在他眼里打转。

也不知道从什么时候开始，小唐变了，虽然作业还是交不全，偶尔还会旷课，但是在学校里他不再是老师的"眼中钉"，他会主动向老师问好，帮老师拿小黑板；课堂上不想听也不再捣蛋，只是安静地趴在桌上；不再是同学们眼中的"土霸王"，他会认真完成值日工作，会提早到校扫清洁区，不再强迫同学帮忙扫地，不会恐吓威胁小同学向他们要钱。而六（1）班也变了，班干敢管班，学生敢说话，还破天荒地拿到了文明班流动红旗……

陶行知老先生说：教育是什么？教人变！教人变好的是好教育。我想，小唐的转变，六（1）班的进步，是对陶老教育理念的最佳诠释。

作者简介及教育理念：

黄雪梅，女，1977 年 8 月出生，本科学历，中共党员，小学英语高级教师，1997 年 8 月参加工作，现任南调街中心小学副校长。撰写的安全课教案及语文教学论文曾获省级荣誉，被评为坡头区优秀教育工作者、坡头区优秀支教教师。

教育理念：不忘初教心，矢志育桃李，你期待你的孩子遇到什么样的老师，就请你成为什么样的老师。

成长远比成功重要

■ 唐林生

作为一个教育工作者，我希望自己的学生以后能成功。“成功”是一个充满诱惑的词语，它所散发出的魅力让你为之奋斗，但成功不容易。我常常对学生说：“成长和成功，非得二选一，我更希望看到我的学生在不断地成长。成长就是成功的一个代名词！”

我当班主任5年了，众多的学生中让我印象最深的是高三（2）班的副班长窦观养同学。他身上表现出来的最大标签就是成长！

2014年秋季，我担任高一（3）班的班主任。8月31日注册的那一天，我忙完手头的工作，就走去同事杨老师那边，看看他们班有什么需要帮忙的。刚好她和几个学生在讨论班干部的事情。我就坐在旁边“偷听”。他们谈完之后，杨老师就问我：“唐老师，你觉得哪个可以胜任班干部啊？”我环视一下，半开玩笑地说：“他啊，那个，白衬衫的那个。你看他高大威猛，站在那里就很有气场，他可以担任正班长或副班长。”接着我问他：“你以前是不是学体育的？”“不是，我练过武术，会打咏春拳。我爷爷说，练武术不是为了打架，而是为了强身健体，打架是没出息的。”他用不太标准的普通话回答我，中间还结结巴巴的。可能是讲到他自豪的地方吧，他激动地比画了一下拳头，嘴唇上还有些口水泡沫。我们就这样交流了十多分钟。天色已晚，杨老师叫他先去吃饭。走在路上，我和杨老师说：“我觉得他没问题，看得出他很诚恳，做事应该很积极、很努力，你可以考虑考虑。”

过了几周，老师们在办公室闲聊，突然有人提到窦观养，就是我推荐的那个学生。杨老师很无奈地说：“我当时考虑过你的建议，后来想了想，还是觉得他当体育委员更合适。但是几周下来，却出现了很大的问题。其他学生都说他呆笨呆笨的，不听他的话。他一说话，别人就笑。现在体育委员也换人了。”我问理由，原来，现在和窦观养同班的有他初中的同学，这些同学经常拿以前的事来取笑他，渐渐地，同学们都不再信服他。听到此，我心里不由得咯噔一下。心想，杨老师，你更需要谨慎处理了。

后来我没再听到他的负面信息。第二学期，要文理科分班。我是教物理的，跟着教高二，并担任高二（2）班的班主任。

出乎我的意料，窦观养也选了理科班。我就和他说：“你应该报文科，学起来容易些。”他期期艾艾地说：“老师，我一看见您就觉得特别亲切，您就像大哥哥那样。我基础本来就不好，读哪科都很困难，倒不如跟着您学。”说完他便傻乎乎地笑了笑。

他的普通话还是说不好，结结巴巴的。不过我感觉比以前好多了。

后来和他谈话，我才发现他过得不容易。他爸爸是残疾人，妈妈也多病，有个姐姐也在读书。小时候他也是个聪明伶俐的孩子，由于车祸，他比同龄人反应慢很多，说话有时候结结巴巴的，还有口水泡沫，常常被别人笑话。他爷爷为了他不被人欺负，就让邻居教他学武术，又告诫他学武术不是用来打架的。通过接触交流，我感觉眼前这个高大的男孩是一个被疾风吹伤翅膀的雄鹰，他总有一天能在属于他的天空中翱翔。

高二开学选举班干部，我鼓励他登台竞选副班长。开始他不愿意，我请大家鼓掌鼓励他。他还是摇头拒绝。“看来掌声不够热烈。”我再次开口，同学们很知趣地鼓掌，教室里又响起更大的掌声。“老师，你还是让其他人来吧，我干不了。”“观养同学，讲台是个很有魅力的地方，能不能当上班干部先别说。现在，关键是你敢不敢踏出第一步站上来。来吧，相信自己，相信大家的掌声，你能行的！”观养终于起身了，走上讲台。大伙的掌声、拍桌子的声音和笑声，回响在整个教室。“大家好！我叫窦观养，我的爱好是武术，我会打咏春拳，谢谢大家。”说完，台下一片热闹：“打一下，打一下！”我说：“好了，好了。下回再让观养同学打给大伙看。观养同学，上了讲台，感觉如何？”“好激动，第一次上讲台讲话，心跳得好快！”他红着脸笑着，感觉很不好意思。台下又是一片笑声！竞选班干部就在这欢声笑语中结束。最后统计票数，观养同学以压倒性的票数，当选副班长。

接下来，观养同学很努力，很好学，表现得很积极。他认真做课堂笔记，积极做好本职工作，积极参加大课间活动、篮球比赛和校运会 1000 米比赛，同时也很乐意帮助其他同学，整个人变得活泼开朗了很多。他与同学们相处得很好，再没有人取笑他。当了副班长，负责的事情多了，他懂得了“责任”，学会了担当；与他人接触多了，懂得了“倾听”，学会了接受建议。他一直在努力，虽然学习成绩进步还不明显，但是，在我眼里，他一直在进步、在成长。

高三了，我对观养同学说：“你本性诚实，不善言谈，今后步入社会，工作生活不易。老师希望你能有自己的专长，帮助你立足社会。所以在高中最后一年，除了学好课本知识外，还要多学点儿其他东西。

“观养，字是门楼书是屋，你要多抽点儿时间练练字。把字写好，也是今后工作的需要。

“观养，你的普通话发音不太标准，要多加练习，做到多说勤练。老师那儿有普通话的书和光碟，你多花点儿时间跟着光碟练习。还要多用普通话与他人交流，不要怕别人笑话你，说多了就不会有人笑话你了。

“观养，你要大声读。你说话比读书声音还大呢！大声地读，才能让自己的思想放开，才能把感情表达到位。

“观养，你有没有听说过李阳？他是疯狂英语的创始人，李阳英语之所以这么流行，就是因为疯狂、大声地喊出来。这样就会把最强的自己逼出来。

“观养，你去隔壁班帮我收一下作业。要注意礼貌，要用普通话和别人交流。

“观养，这次元旦晚会，是高中最后一次了，机会难得，去报名表演咏春拳吧，锻炼锻炼一下自己。不要紧张，要相信自己！”

…………

我一点点地指导他，他一点点地在变化，由一个曾经不爱讲话、内向的孩子，到一个“优秀班干部”“三好学生”以及“年度校星级人物”。他成功了，成长了！

毕业了，观养没有考上大学，去了技工学校继续学习。

有一天，我收到了他的邮件，邮件里面有一个视频和一段留言：“唐老师，这是别人帮我拍的竞选班干部的视频。虽然我没被选上，但同学们还是很喜欢我。我在这儿过得很好，唐老师，您不用担心。”

视频里的观养不再是稚气笨拙的孩子，而是一个充满自信的阳光男孩。可以看出，他在成长，在进步！我看在眼里，很开心。

看着观养同学的成长过程，我明白了一个道理，那就是成长远比成功重要。

作者简介及教育理念：

唐林生，男，1989年7月出生，大学本科学历，高中物理二级教师，现任教于龙头中学，是坡头区高中物理兼职教研员。获坡头区职业技能大赛二等奖、坡头区教学比赛二等奖，被评为校“优秀班主任”和“优秀教师”。

教育理念：用心灵教书，用大爱育人。

爱与赏识

■ 梁观奇

我登上神圣的讲台，转眼间已经过去了二十几个春秋。回首这二十几年的从教之路，我没有什么轰轰烈烈的事迹，更没有值得称颂的大作为，但是平淡的教学生涯却赋予我宝贵的教育教学经历，在我的心里始终藏着一个念想——爱与赏识。曾经有同事对我说："我感觉你才是真正在教学，你怎么每天都那么精神抖擞、神采飞扬啊？"我说："因为我很放松啊！"

已经有十多年没做班主任了，上学期学校突然让我接三（3）班的班主任兼数学课，虽然有点儿意外，但我还是欣然接受，因为我一直都热爱班主任工作，我坚信只要有爱与赏识，教育上的所有困难都能化解。

周弘说："哪怕天下所有人都看不起你的孩子，做父母的也要眼含热泪地欣赏他！拥抱他！赞美他！"我把这句话改成："哪怕学生多么落后，做教师的也要满面春风地欣赏他！拥抱他！赞美他！"曾经有位网友在聊天中谈到"教育不仅是一个良心的职业，更是一个充满爱心的职业"。这些全新的理念如一缕阳光指引着我，让我心生力量，看到了希望。有了这个信念，在教室里，每当看到孩子们灿烂的笑脸，我就看到了一片美丽的蓝天。赏识教育的特点是，注重孩子的优点和长处——小题大做，无限夸张，形成燎原之势，让孩子充满自信，在"我是好孩子"的心态中觉醒。

陈某杰可算是三（3）班中最突出的学生了，他原来不在三（3）班，他母亲提出要求后，才被调入三（3）班。陈某杰的表现其实我在其他教师处早已了解了，他是一个好动、不守纪律、脾气暴躁、动不动爱打架、自制力较差的孩子。很多同事都提醒我要注意。但我想，二十多年都过来了，什么样的学生没遇到过呢？现在还担心这个吗？如果我不要他就等于抛弃了他，这违背了我立志献身教育的初心。所有的孩子在我的眼里都是好的，我欣然地接受了他。

刚开始，陈某杰确如其他老师所说的那样，特别是他那动不动就喊打喊杀的性格，科任老师都对他无可奈何。向他家长反映，家长也拿不出好办法来教育他。我冷静地对他进行观察，从他的学习、生活中寻找他的闪光点，通过几周的观察和了解，我发现他其实有不少优点：1. 爱上黑板答题；2. 劳动积极；3. 语言表达能力强；4. 数学科和体育科的成绩较好。了解到这些后，我心里有底了。

第一次跟他谈话，是因为他把同桌的女同学弄伤了。我问他为何要打同桌，他一直在重复："我就要打她，我就要打她。"我耐心地问："那是为什么？其实你的表达能力是全班最好的，为什么不能说清原因呢？"这时他一下子静下了，慢慢地说："因为她用笔划破我的笔记本。"我一听，就明白了，于是对他说："你的笔记本很珍贵吗？坏了吗？"他低头说："不珍贵，还没坏。"我接着说："那你觉得她是故意的吗？"他连忙回答："不是，不是。""那你作为一名男生要计较这些小事吗？"我小声说，他的脸红了。我抓紧机会说："作为一名男生要有宽阔的胸怀，不要计较这种小事，而且同桌也不是故意的，你觉得呢？"这时他的头更低了，不好意思地说："我不对，我改。"听到这里，我拍了拍他的肩膀说："好样的！这才是好男儿嘛！回去跟同桌说声对不起，以后要互相团结啊！"他笑了，一场冲突被我化解了，我又一次重新了解了他。在后面和他几次聊天中，我不断地从他的优点入手，激发他的学习热情和对班级的荣誉感，帮助他树立自信心。

俗话说：精诚所至，金石为开。果然，在我不断地赏识下，他的态度和行为发生了翻天覆地的变化。他再不会动不动就与同学发生争执或打架了。记得这学期开学的那天，有位同学不小心擦破了他脚上的一块皮，他只是告知我，并不像过去那样拳头相向。他还主动让座位。因为他个子高，挡住后面的同学，过去，老师怕惹了他，就任由他坐，他思想转变后，就主动坐到后面去了。我看在眼里，"好孩子"的心态正在他心中形成。他的成绩也上来了，数学成绩竟排到全班的前五名。

二十多年来，我一直和孩子打交道，孩子是我的朋友，孩子是我快乐的源泉，他们是天真的、纯洁的，他们在成长过程中需要爱，需要赏识，需要快乐。

作者简介及教育理念：

梁观奇，男，1974年12月出生，华中师范大学本科毕业，1994年8月参加工作，小学数学一级教师，现任教于乾塘镇中心小学，担任总务主任，任教四年级数学及担任班主任工作。

教育理念：及时赏识鼓励，耐心教育引导，让孩子建立健全的人格思维，朝着自主、阳光、和谐、健康的方向发展。

表扬一次，再表扬一次

■ 梁海连

参加工作的第七年，我又接手一个新班。那天刚放学，在拥挤的人潮中，有个学生回头喊了我一声：“数学老师好！”这个学生给我留下良好的印象：很有礼貌。于是我开始留意她。可是，后来，我发现，她是在课堂上经常被老师点名的学生，因为她上课容易走神，经常和周围的同学讲话。课间，她还经常和同学打闹，时不时会被其他同学投诉，说又打了某某同学。

我找她谈过话，问她能不能上课时不要和其他同学讲话，她答应了。但到上课，她又忘记了对我的承诺。她上课容易违反纪律，连吃早餐也很不自觉。她回学校比较早，但来了却没有去吃早餐，而是和同学讲话，或者打闹，需要老师站在她面前，才慢悠悠地把早餐吃了。老师一离开，她又跑去玩了，经常早餐也没吃完。

对这么一个学生，我很头疼。我曾将她的情况告知家长，家长也会当着我的面凶她，但也没能改变什么。当我感到无能为力的时候，我看到她那双圆圆的眼睛，又觉得她很可爱，应该可以改变的。于是，我没有放弃，又开始联系家长，看看怎样和家长一起转变这个学生。一天放学后，我来到了她家。原来她爸妈已到外地打工了，家里只有个年迈的奶奶。奶奶谈到这个孙女，也是抱怨个不停，说孩子不听话，她也很烦恼。可是，奶奶说到她的一个表现，却引起了我的注意。老奶奶说，孙女乐于助人，常常帮村里的老人洗衣服。我觉得这是她的一个闪光点，从这里入手，或许能转变她。回来后，我找她谈心。我首先对她大力夸奖，甚至表现出一点崇拜：你好厉害哟，乐于助人，好多人都不如你呢。听了我的话，她显得吃惊和高兴。接下来交谈就很顺利了。我不和她谈学习，全是谈一些有意义的事情，如放风筝、打水仗等。这次交谈之后，她觉得我跟她很亲近，心里似乎有点儿感悟。我观察了她几天，发现她有了变化。这时，我趁热打铁，再找机会对她进行表扬鼓励，也提出一些希望，言语间流露出对她的关爱。我说：“老师发现你这几天好乖哦，要是你再用点儿心在学习上，一定会更好，你一定会取得好成绩。”她听了，开心地笑了。然后，我又在班上表扬了她，肯定了她的进步。从此，她有了变化。

两个星期之后，每天早餐她都很认真地对待，吃得快了，而且，每次吃完之后都会跑过来跟我说：“老师我吃完早餐了！”我听了自然会表扬她，特别注意当着其他人的面表扬她。

我及时去到她家，将她的进步告诉老奶奶，并且当着奶奶的面表扬她，老奶奶自然很高兴，她也显得高兴。她奶奶也配合我，对她说：“你看，老师多么关心你，老师说你进步了，你以后要好好努力，这样老师以后又会夸你了！”

有一次，我在改作业的时候，无意中发现，她会在作业本的最后一页记录老师给了她多少次“优”，给她写了多少次“加油”。我看得出来，虽然她成绩不是特别好，但也渴望得到老师的关注，渴望着老师的表扬，老师写下一个“优”字轻而易举，对她来说却是弥足珍贵的。此后，每发现她比上一次有进步，我都会给她写上一个“加油”。期中考之后，她主动跑过来问我：“老师，我考了多少分，有 90 分吗？”我很开心，她能主动来问成绩，这说明她希望自己能学好数学，但这次她考得并不好。我还是坚持鼓励她，我跟她说：“老师看过你的卷子，很多题目你都会做，只是你比较粗心，有些数给算错了，如果下次再细心一点儿，你就可以拿更高的分。”

几个月过去了，她在进步，在变乖，正在向好的方向发展。我也知道我对她的教育正走在正确的道路上。如有可能，我对她将表扬一次，再表扬一次。

作者简介及教育理念：

梁海连，女，汉族，1978 年 9 月出生，毕业于东北师范大学，本科学历，小学数学一级教师，现任教于乾塘镇中心小学，是坡头区教育局数学兼职教研员，曾被评为坡头区优秀教师。

教育理念：用心血浇灌，用真情感化，用智慧启迪，用人格熏陶，用理想塑造。

帮助学生搬开心灵的石头

■ 彭　锳

仲秋的雨夜，我刚刚来到办公室门口，就看见走廊昏暗的灯光下，一个瘦小的身躯蜷缩着倚靠在墙角。看到我来了，她急忙站起来，小声地对我说："老师，我有问题咨询您。"我迅速打开门，请她进来，拿了些纸巾帮她擦拭脸上的雨水。

待她坐下，我问道："今天来咨询室想对老师说说哪方面的内容呢？""嗯……"她沉默了约三分钟，在这安静的三分钟内，我细细打量眼前这个穿着校服的瘦弱女孩，她的眼神充满着焦虑、无助与迷茫。几次三番，她欲言又止，好像想说但又在害怕些什么。我及时用微笑与和善的眼神回应她，让她主动卸掉心理负担。"老师，我想对您说的内容，自己都有点儿难以启齿。"她不好意思地说。我向她说了心理咨询的保密原则，只要不涉及人身安全、违法行为等其他保密例外事项，我会恪守职业道德，为她保密。

我不断地对她使用非言语的积极关注与隐喻鼓励，终于，她说出了压在心底五六年的秘密。在她还在读初一的时候，长期在外打工的父亲和一个女人开始了婚外情。六年来，父亲对家庭不闻不问，全靠妈妈微薄的收入养育着她和弟弟。六年间，父亲只在清明回家半天，扫完墓就走了，和她几乎没有交流。因此，妈妈这些年几乎是以泪洗面，常常在情绪崩溃的时候哭着打电话给她，她便扮演着妈妈的精神依靠的角色。近期，妈妈的情绪更加不稳定，哭诉更加频繁，因为父亲在外有了私生子。说着说着，女孩突然提出一个要求："老师，我可以抱抱你吗？"足足20分钟，她趴在我的肩膀上歇斯底里地哭，我没有进行任何言语的安抚，只是轻拍她的肩膀，轻抚她的头发。这个孩子压抑的情绪实在太多，她压抑得太久了，她需要释放。一个花季少女，本该无忧无虑地挥洒她青春的朝气，为青春留下一串奋斗的印记，但由于父亲处理自身情感的不恰当，她没有享受到本应拥有的父爱；因为母亲处理自身情绪的不当，她长期扮演了母亲的精神依靠的角色。18 岁，本该简单朝着阳光努力生长的生命，承担了太多成人世界的无奈和过重的本不属于她的责任。

哭完后，她的情绪慢慢平静下来。她说："老师，谢谢您，不介意我弄脏你的衣服，您给了我很大的心理支持，今天过来，我没想过您能帮到我什么，仅仅想找您倾诉我心里的苦，说出来好多了。"我及时感谢了她对我的信任，并询问她内心的情绪是否还想继续释放，如果愿意，可以去情绪宣泄室试试。我话音未落，她便冲向宣泄室，拿着宣泄棒使劲全力地往宣泄墙砸下去，每一下都是震人心魄的。她砸下去的是她对第三者的唾弃，对父亲的怨愤，对母亲的怜悯，对温暖家庭的渴望。半个小时过去了，她筋疲力尽地躺在了情绪宣泄室的地垫上，我轻轻走过去，为她拭去脸颊的汗水，平静地结束了第一次咨询，约定了下次咨询的时间。

她走后，我的心情久久不能平静，这个孩子那无助且饱含泪水的双眸已在我脑海中烙下了深深的印记。那仅是一双向我求助的眼睛吗？不，那更是向我求救的信号。这不是我工作八年来第一次遇到因为婚外情导致孩子心理出现问题的案例，但这孩子父亲的冷漠无情和母亲处理自身情绪的错误行为，对她造成心理伤害的程度却是我遇到过类似事件中最为严重的。我赶紧上网查资料，查文献，看类似案例的处理方式。不经意间，已经到了 12 点，保安要关掉教学楼的大门，让我赶紧离开。于是我带着满脑子的疑问回到了宿舍，我彻夜未眠，一边梳理别人提出的应对策略，一边思考我的处理方案。对于这个孩子，我应该从哪些方面入手？咨询的边界是什么？不能去干预她的家庭，只能处理她的问题本身，她最直接的焦虑源在哪里……

第二周周三晚上，她如约而至。这一次，她的精神状态好了很多。本次咨询我使用的是短期焦点解决的技术。我先询问她，这次来咨询想达到的目的是什么？她说想自己不要这么难受，不要这么孤独。我继续问她，你想要达到的这个目的在什么时候出现过？她回答，每年清明节，爸爸会回家大半天，他们全家人会一起去扫墓，然后一起吃饭，父亲会主动关心她，要是能够一直那样享受温暖的家庭氛围就好了。我继续深入地帮助她澄清目前的心理状态，她担心父母离婚自己就会成为孤儿，该何去何从？我先从法律层面给她分析，父母离婚只是结束父母两个人之间的夫妻关系，而父女关系并不因此而改变。再针对她说的“何去何从”来分析，物质层面，父亲是过错方，家里的房子等财产划分会保护受害方，他们姐弟和母亲在物质方面会得到法律的保护；情感层面，父母对她的爱不会因夫妻关系的改变而改变。咨询进行到这个阶段，我看到她紧锁的眉头稍微舒展开来。第二次咨询结束之前，我了解她最想倾诉的对象是她父亲，并预留了家庭作业，在第三次咨询前好好想想自己最想对父亲说的话，尝试写一封信给父亲，不需要寄送出去。

第三次咨询，我在咨询室稍微调整了座位，并给她解释了下“空椅子”技术原理，让她练习了数遍之后，和她“父亲”对话。通过空椅子，她将六七年来压抑在心底的对父亲的爱、思念与埋怨发泄出来。同时，她也开始站在父亲的角度，体验父亲的内心世界，化解些许对父亲的怨愤。第三次来访结束，我询问她是否愿意让父母来咨询室做一次家庭咨询，她回绝了。我再次布置了家庭作业，让她尝试给父亲多打电话，把“空椅子”过程中说过的话，对父亲再倾诉一遍。过了两个星期，她带着微笑出现在咨询室门口，看到她的笑容，我便明白她心底的石头暂时移开了。

这个孩子的咨询结束后，我感慨万分。当今社会处于变革期，人们的价值观念逐渐多元化，成人的爱情观念、婚姻观念也在变化，导致他们孩子的心理受到冲击。我们心理健康教育工作的任务更加艰巨，不仅要关注学生的心理健康，用爱滋润学生的心灵，同时还要加强家长心理学校的建设，紧跟时代发展的步伐，设计家长学校心理辅导课程内容，确保我们心理健康教育工作辐射学生发展的各个方面。

作者简介及教育理念：

彭锳，女，1988年7月出生，中共党员，2010年7月毕业于湖南科技大学教育学院应用心理学系，2017年6月获得华南师范大学教育硕士（心理健康教育方向）学位，高中心理健康一级教师，国家二级心理咨询师。现任教于爱周中学，担任校心理健康教育专职教师、心理咨询中心咨询师、校团体心理辅导小组领导者，实践能力较强。

教育理念：做一名优秀的心理健康工作者，让学生阳光成长。

润物无声　静待花开

■ 董　超

我第一次当班主任那年，曾遇到这样一个学生。他上课遵守纪律，却很少发言，只有遇到一些关于政治或是军事方面的问题，他才会饶有兴趣地举手回答；偶尔迟到，但对于迟到本身则一点儿悔意都没有；时常不做作业，理科测验经常交白卷；语文课随堂作文，他的文章经常被作为范文，但也有几次交白卷；很少与其他同学往来，每次下课，都会独自一人跑出教室，或是在班级门前的榕树下乘凉，或是到班级后面的植物园散步……

关于他的一些记录还有好多。先前，我针对他以上的种种行为找他谈过话，可能班主任工作经验不足吧，效果并不是很明显，问题依然存在。

一天晚修，他的同桌向我反映，说他上自习课时自言自语。于是我再次找他谈话。我依旧不确定是否有效果，可是我要尝试。

“××，最近学习状态怎么样？”我随意问了一句。

“还是老样子。”他低着头回答道，时不时用鞋子摩擦着地面。

“你自习课在自言自语，对吗？”我问。

“只是说了几句，看到一些精美的句子。”他看了我一眼便又低下了头。

或许是之前的几次批评有些严厉了，他虽不守规矩，但到底是畏惧我的。

或许正是这种畏惧，才是我失败的根源，因为那不是一种平等的谈话，而他需要的恰恰就是这种平等背后的尊重。

“我们去那榕树下说吧。”我指着他经常下课去的地方。

看样子他还是愿意的，因为少见他如此爽快。

“这样自言自语倒还好，不过还是要尽量克制一下，毕竟是自习时间，打扰了他人的学习就不好了，你说对吗？”我的语气缓和了许多。

他偷偷看了我一眼，微微点了点头，显然为我鲜有的和气而略显惊讶。

“我们坐下聊吧，有什么想说的吗？咱们今晚聊聊天，你看怎么样？”

他没有直接拒绝，而是在思考，显然是在思考聊天的内容。

“你的兴趣爱好是什么？有没有比较崇拜的人？”我先抛出了两个问题。

“我喜欢军事，比较崇拜拿破仑、普京……”他还说了一些我都没听说过的名字。

“那你为什么崇拜他们，他们身上的什么品质是你所渴望拥有的？”

“就拿普京来说，他原是克格勃的特工，很冷静，很沉稳，果断，有远见，曾做过总统，现任总理，即将到来的大选他还会成为总统的。”

我似乎打开了他的话匣子，接着问：“我见你平时所表现出的冷漠，很像一位老练的特工在执行任务，是否有模仿普京的意味？”

“嗯，有一些，但也不完全是。”

“××，要知道我们崇拜的是那些伟人骨子里的、深层次的东西，而不是外在的表象。举个例子来说，普京作为一位元首，他不苟言笑，那是他的标志性风格，而我们普通人如果只是一味地模仿外在的东西，不免会落得个‘东施效颦’，你说呢？”

“是的。还有，我感觉同学们太幼稚，不喜欢和他们交往。”

“为什么会有这样的想法呢？”我忽然间想到几周前班会课上做过的一次游戏，击鼓传花，说出自己的理想，其间一些人说他们的理想是考上大学，是想赚更多的钱……

“他们的目光很短浅，理想也无远大可言。”

“这样讲是有失公平的，首先我们每个人都有拥有理想的权利，谁的权利都不能被剥夺。其次，理想是没有高低之分的，我们不能说总统高贵，而环卫人员低下，要知道他们各有分工，只要尽职尽责，都是在为人民服务，所以从这个角度来说，他们是平等的。最后，一个人的理想同个人生活阅历息息相关，班级的大部分同学来自农村，课外书读得少，阅历见识自然比你要差些，但是他们明白这一点，所以他们都很勤奋学习，而你却因为一点儿优势而沾沾自喜，岂不是要重蹈‘龟兔赛跑’的覆辙？”

“我初中是在实验班，大家都你追我赶地学习，如今我却在普通班，学习氛围也不好，我不喜欢这个班。”

“这个很正常，因为你们刚刚告别初中没几个月，用现在的班跟之前的做比较是没可比性的，其实也是不公平的，但想想，在任何一个班级都没人阻止你去学习，相反你的态度前后反差却很大，那这又是什么原因呢？”

“其实班长他们之前曾找过我，说我要多和同学接触等。我知道他们是为我好，他们也很善良……”

那天晚上我们足足谈了两个小时，他从起初的低着头，到后来的笑逐颜开，而我从一个发问者转身变为一个倾听者。自那天后，他那些不好的表现越来越少，与同学们的关系也渐渐融洽起来，还主动向其他同学打招呼，成绩也自然上升了许多。前几天他向我表示，要到高二了，马上要分班了，他对这个班还是很不舍的。听到这，我真的很感动，不为别的，因为那一刻，见证我用耐心与关怀去融化了一颗寒冷封闭的心。

这位同学的转变，让我明白了，一些不守规矩的现象背后，都有一些最本质的原因，挑出来，解决掉，问题就解决了。如果只做表面文章，头疼医头脚疼医脚，被动不说，效果更不佳。

作者简介及教育理念：

董超，男，1988年4月出生。2011年7月毕业于吉林师范大学地理科学专业，2016年1月中国人民大学教育行政管理在职研究生结业。中学一级教师，现任教于坡头区第一中学。

教育理念：坚持以人为本，把重视人、理解人、尊重人、爱护人、提升和发展人的精神贯注于教育教学的全过程、全方位，注重开发和挖掘学生自身的禀赋和潜能，重视学生自身的价值及其实现，并致力于培养学生的自尊、自信、自爱、自立、自强意识。

让教学在微笑中进行

■ 赖劭炜

我是一名平凡的教师，转眼间已经工作二十多个春秋了。蓦然回首，这二十多年教育之路，我没有什么轰轰烈烈的壮举，更没有值得称颂的大作为，可是平淡的教学生涯却赋予我宝贵的课堂教学经验。从事数学教学一直是我的一大乐趣。我爱看着我的学生在我的教育下露出满足的笑容。

去年我接手了五年级的数学教学工作。当时，这个班有小部分同学数学成绩很差，考试成绩徘徊在五六十分。学生上课无精打采，一副身在曹营心在汉的样子。刚开始，我还信心十足，以为凭借我的严厉作风和循循善诱的教学方式，能够转变他们的学习态度，提高他们的数学成绩。可是一个月过去了，这种状况得不到改善，我百思不得其解。有一次，数学委员的话触动了我。有一天，我刚上完课走出教室，李淑贤同学就跟了出来，她低着头，胆怯地对我说："老师，您以后可不可以不叫我上黑板做习题?"我说："为什么呀?"她就小声地说："因为我害怕您的严厉眼神，每当我答错题的时候，虽然您嘴上不说我什么，但您的眼神和严肃的面部表情在批评我。"此时我震惊了，我一直以为我严肃的表情是震慑学生的"好法宝"，只要课堂纪律好，学生就能认真听课。然而，事实证明我错了，我陷入了深思。对了，微笑是人类最美丽、最友善的语言，那就让我用微笑去唤醒学生们沉寂的心灵吧。于是，在以后的教学中，每当上课铃声响起，我就会面带笑容地站在教室门口，等待学生安静下来。站在讲台上，我会用目光扫视一遍学生，使他们紧张的心情松弛下来，然后微笑着向学生问好。那微笑仿佛在告诉他们："我喜欢你们，很高兴看到你们，你们使我觉得快乐。"而学生们也慢慢地被我感染，脸上有了笑意，尤其是原来成绩不好的学生，他们也勇敢地加入进来，有了学习的勇气和动力，课堂上的气氛渐渐活跃起来。短短一个学期，全班的数学成绩就有了很大的提高。

或许，正是我的眼神中流露出的鼓励和肯定，像一股股暖流温暖着他们自卑和沮丧的心，他们才有了前进的信心和力量，一步一步走到现在。

作者简介及教育理念：

赖劭炜，男，1973年12月出生，中共党员，华南师范大学汉语言文学教育专业毕业，本科学历，小学数学高级教师，奥林匹克数学二级教练，现任教于乾塘镇乾塘小学。曾被评为坡头区教育先进个人、优秀教育工作者、坡头区教学质量管理先进个人。

教育理念：没有理解、宽容、信任和赏识，就没有教育；给学生足够的关爱，就会给学生一片自由飞翔的广阔天地。

班主任“行窃”记

■ 詹碧容

那是十多年前的事了，现在想起，还是那么清晰。

记得那天早上，跟完早操后，我忽然想去男生宿舍看看。当走到男生宿舍门前的空地时，我就看见我们班宿舍大门洞开。“咦！门怎么没锁？”我心头一紧，不禁放慢了脚步，四下里望望，空无一人，同学们都上早读去了，整栋学生宿舍静悄悄的。“难道有贼？”我连忙蹑手蹑脚地走上前去。

“谁？”我大喝一声，扎稳马步堵在宿舍门前，身上的汗毛全倒竖起来了。但定神细看，人影也没一个，学生的床铺、用品整整齐齐地摆在那儿。我恍然大悟，原来是值日生不锁门。近来有些宿舍丢了东西都是因为不锁门，而我已经多次强调离开宿舍要锁大门，别丢了东西自找麻烦。再说，就算是“天下无贼”，出门关灯锁门也是个好习惯，它体现的是一种有始有终负责任的好品质。乖乖！现在却是人去门开。哼！这群不长记性的甩手掌柜，“批评接受，思想照旧”是吧？今天必须得想个办法，给他们个教训才行。

我眉头一皱，计上心头，决定来一招假戏真做。于是，我进入宿舍，将宿舍里值钱的东西“洗劫一空”，再交政教处暂管，然后若无其事地回教室叫值日生回宿舍锁门。

这个上午，同学们像往常一样认真地上课，而我却像个做了恶作剧的孩子，在期待着“好戏”上演，甚至想到男同学们发现失窃时焦急的样子，心里暗暗发笑——哼！看你们下次还敢不敢不锁门？

果然，这天中午，刚吃完饭，舍长就带着几个男生呼哧呼哧地跑来找我，说宿舍不见了很多东西。我佯装震惊着急，赶忙跟随他们来到宿舍，煞有介事地查看了现场，再让舍长登记“被盗”物品名称及价值，并上报学校；又查实当天的值日生、最后出门的同学是谁，并当场声明，如果学校破不了案，就按我们的宿舍管理规定，所有损失将由舍长、值日生、最后出门的同学按责任大小共同赔偿。很快，舍长统计出来了，共丢了一百五十多元的物品，如果三人承担每人也得出五十多块。这个数目当时对于农村的孩子来说几乎是两周的伙食费了，三个大男孩急得抓耳挠腮。舍员们都一筹莫展，没有人能提供一丝有用的线索，只好埋怨最后出门的同学不按宿舍管理规定锁好门。最后出门的同学也委屈，当时他以为小莫还在里面系鞋带，广播集合音乐又响得急，只好匆匆出门去了。他们讨论了一个中午，下午上课个个都垂头丧气。下午第三节是自习课，我本想结束这场风波，但为了使他们受的教训更深刻些，便决定再等一等，让他们再煎熬一个晚上再说。

第二天早读课，我问男生："今天宿舍锁门了没有？"男生们异口同声地说："锁了！""嗯，很好！"我说。接着，我将"失窃"真相告诉了全班同学。男同学一听，先是一愣，继而开开心心地讨论开了。只见舍长伸直腰舒了口气，连连拍了几下胸口，口中喃喃说道："哎呀！好彩，好彩！"这时，我预先安排的两名同学从政教处把"赃物"取回来了，我让他们把东西一股脑儿地堆在讲台上。再请三位责任人当着全班同学的面将东西物归原主，其中舍长拿着"失窃清单"读，另两位同学一件件地发放。

物归原主后，我请三位责任人及男女生代表分别谈了感受及教训。大家都纷纷表示这次的教训非常深刻，以后一定会牢记宿舍人离要锁门。然后，我正色道："这样的事情我只做一次，若是下次再不见东西的话别指望还是我拿的啦。这次是虚惊一场，下次可没这么幸运了！以后你们都知道该怎样做了吧？""知道了！"同学们异口同声地回答。

还别说，这招还真灵，之后我突击检查再也没有发现不锁门的宿舍了，而我们班也没出现过失窃的现象。

作者简介及教育理念：

詹碧容，女，1977年8月出生，中共党员，本科学历，初中语文高级教师，现任教于龙头中学。是湛江市语文骨干教师、湛江市戏剧家协会会员、坡头区作家协会会员，曾被评为坡头区优秀教师。

教育理念：教育的艺术不在于传授本领，而在于激励、唤醒和鼓舞。

情在细微处　爱在无言中

■ 戴秀清

春去秋来，不知不觉我已从教九年了，自己所负责的心理辅导室也有了独立的办公室，并且到了2017年，办公室总面积超过了200平方米，被升格为学生发展指导中心。回想与学生共同走过的岁月，有艰辛，有收获，但更多的是感动。

心理画外音

“这里是农村，学生是没有心理问题的，也不会有心理问题……”这是我工作第一年听得最多的一句话。作为心理工作者，我当然希望自己的学生都拥有健全的人格，能健康地成长。但是，事实上，情况并没有人们说的那样乐观，农村的学生照样有心理问题。

小芳是我从教第一年接触到的学生。早上刚到办公室，我就接到她班主任的电话，说小芳一来学校就哭个不停，问她什么也不回答，班主任只好把她叫到办公室，要她把自己的心事写下来。当我见到小芳时，她还趴在办公桌上哭，手中的笔不停地戳着本子，把本子戳了一条又一条的裂痕。对于我的到来，她有点儿疑惑与惊讶。办公室的人比较多，小芳也不想太多的老师看到自己哭泣的样子，于是，她便跟着我来到了我的宿舍。通过交流之后，她渐渐地消除了对我的戒备心理，但问到发生了什么事情时，她就只是哭，并把手上的纸巾撕成一块又一块。虽然在大学期间我学了很多有关心理辅导方面的知识与技巧，但是面对小芳，我真的束手无策。

在与小芳的交谈处于僵局的时候，我注意到她本子上的一幅画：一座没有门的房子，房子旁边有很多圆圈，每个圆圈中间都有一条裂缝，在房子不远处有一棵树，树下有一个头发乌黑的小女孩，她的腿短而细小。也许用力过大，本子都被划破了，同时画面上方有很多曲线。这时，我突然想起曾经看过的一篇文章：画画时特别用力代表神经紧绷、有攻击性或脾气暴躁，曲线代表厌恶，很小的人代表没有安全感、退缩、沮丧，黑头发代表烦恼，正面自画像代表愿意让别人了解自己。于是，我决定从她的画入手，走进她的内心世界。

经过一段时间的辅导，最后小芳微笑着走出我的宿舍，我紧绷的神经终于放松了下来。

在走进小芳内心世界的过程中，我有了新的体会：有时候通过语言是很难让来访者敞开心扉的，只有善于抓住细微之处，才能了解来访者内心的真实想法。

靠近你，温暖我

小婷是我从教第五年接触到的学生，当时她读高一。一天晚上，我正在整理咨询记录，小婷独自走到屏风后，找了一个位子坐了下来。一坐下她就一个劲儿地哭，大概半小时后，情绪才稍微稳定下来。经了解，小时候，小婷的父母忙着做生意，于是把她寄养在小姨家，小姨很关爱她。一个月前，小姨得了癌症，而且是晚期。家人为了不影响小婷的学业，就对她隐瞒了小姨得绝症的消息。在一次偶然的交流中，小婷得知小姨得了癌症，便想去看小姨，却遭到了全家人的反对。于是，周末她就偷偷跑去医院，趴在玻璃窗前看小姨做化疗。寒假二十多天里，她都在医院里陪着小姨，给小姨讲笑话，说外面世界的精彩。寒假结束回到学校，她成绩一落千丈，感觉每个人都在嘲笑自己，因此，不想回宿舍，也不想回教室，只想回家。那次的咨询历时八十分钟，整个过程，我没有过多的言语，只是陪伴、倾听。

那次咨询以后，小婷再也没有来访过。“那时我只顾着哭，您也什么都没问，一直不停地给我递纸巾……让我感到无比温暖，那颗冰冷的心慢慢地热了起来。是您让我找回了真正的自我，是您让我走出了自己的内心世界，靠近你，温暖我。感谢有你——戴秀清老师。谢谢您的心灵陪伴。”时隔一年，在“我与心理学的故事演讲比赛”现场，听到这样的感谢语，我有点儿吃惊，因为从没想过自己的无声陪伴，默默倾听，能给予学生心灵以慰藉。

“蜡烛，虽不像灯塔那样放射出巨大的光芒，也不如火炬那样有熊熊的火焰，但它照样能释放能量，为社会做出自己的一份贡献。”抱着这样的信念，我一直在努力工作着、探索着。我总认为：教育是一场单恋，当你倾情付出以后，最后感动的是自己。

每读此文，我就特有成就感，一股暖流从心底涌起……

媛美同学的蜕变是对我用“心”教育的最好褒奖。看到一名学生在自己的教育引导下走上健康发展的轨道，内心就有一种实实在在的成就感。

作者简介及教育理念：

戴秀清，女，1985 年 9 月出生，本科学历，国家二级心理咨询师，广东省心理学会儿童、青少年心理援助专业委员会理事，现任坡头区爱周中学学生发展指导中心负责人。在校期间开创了多项心育活动，以心育心，打造了“与爱同行，立德树人”心理特色教育。曾获湛江市首届中小学心理教师专业能力大赛一等奖，以及坡头区优秀心理教师、坡头镇优秀教师、学校优秀共产党员等称号。

教育理念：用欣赏的眼光看学生，用宽容的心态面对学生。

后　记

■ 陈俊优

坡头是个充满诗意的地方。这里很小，也很大，很特别。

这里有座山叫笔架山，这里有一方水叫龙王湾，这里有个港是中国人民解放军南海舰队的十里军港。这里的人南腔北调，东北话、中原话、福建话、广州话、雷州话、本地话，还有分辨不出的地方话，杂糅在一起，在这里都可听到，真有意思。这里的一切，都有故事。

经过四十年的改革开放，这里有了城市的雏形，楼房、大马路、人们的服装，记载着时代的变化。但这里与别的地方不同的是人心不变，人们依然是那样善良、那样淳朴。

最不变的是教孩子读书的那群人。

他们挂在嘴边最自豪的一句话是：我们这里是湛江太阳升起的地方，有梦想！乡村小学校旗杆上面那面飘扬的国旗，见证着坡头教育人不变的初心。不管在学校里工作一年的、几年的青年教师，还是几十年的老先生，他们都一样默默地、认真地守护着属于自己的那片小天地，忘情地跟孩子们一起编织神奇而伟大的梦，享受着用汗水和心血换来的快乐。我跟他们一起工作三年，生活三年，为他们淡泊的心态和执着的追求而感动，故提议编写一本书，收集他们在教育教学过程中发生的故事，命名为《坡头教育故事》，以表敬意。

如实记之，为后记。

(作者是坡头区教育局局长。)